El ministerio
de la
ORACIÓN
intercesora

Clásicos
de Nelson

El ministerio
de la
ORACIÓN
intercesora

Andrew Murray

GRUPO NELSON
Una división de Thomas Nelson Publishers
Desde 1798

NASHVILLE   DALLAS   MÉXICO DF.   RÍO DE JANEIRO   BEIJING

DEDICATORIA

Dedico cariñosamente este libro a mis hermanos en el ministerio, y a otros obreros del Evangelio que tuve el privilegio de conocer en la convención de Langlaagte, Johannesburg, Heilbronn, Durban, Pietermaritzburg, King William's Town, Port Elizabeth y Stellenbosch.

BREVES DATOS ACERCA DEL AUTOR

Andrew Murray nació en Africa del Sur en 1828. Luego de educarse en Escocia y Holanda, regresó a su tierra, donde pasó muchos años como pastor y misionero. Fue un firme, defensor del cristianismo bíblico. A Murray se lo conoce mejor por sus numerosos libros sobre la vida devocional.

INDICE

ÍNDICE

Hay nobles obreros cristianos,
  Los hombres de fe y de valor,
Los que luchan triunfantes
  En la noche del terror;
Príncipes que prevalecen con su Dios
  Quien nada les negará;
Quienes traen las lluvias del cielo,
  Para henchir la marea creciente.
Tiembla el rey de las tinieblas
  De ellos el triunfo al sentir,
Pues de ellos la oración prevalece
  Pueden las sutilezas del diablo destruir.

Tomado de
The Ministry of Intercession
por F. R. Havergal.

INTRODUCCION

Un amigo que oyó que este libro se iba a publicar preguntó cuál sería la diferencia entre éste y el anterior, referido al mismo tema: *La escuela de la oración* (publicado por la Editorial Clié). La respuesta a esa pregunta puede ser la mejor introducción que puedo dar a esta obra.

Cualquier aceptación que haya tenido la obra anterior debe atribuirse, en lo que se refiere al contenido, a la prominencia que se les dio a dos grandes verdades. La primera fue la certidumbre de que la oración será contestada. Algunas personas tienen la idea de que pedir y esperar la respuesta no es la forma más elevada de oración. Sostienen que la comunión con Dios, aparte de cualquier petición, es mayor que la súplica. La petición contiene algo de egoísmo y de regateo; adorar es más que suplicar.

En otros domina con frecuencia la idea de que la oración no recibe la respuesta. Ellos piensan más en los beneficios espirituales que han de derivar del ejercicio de la oración, que en los dones que han de recibir.

Admito que hay cierta medida de verdad en este punto de vista. Sin embargo, *La escuela de la oración* señala que nuestro Señor habló continuamente acerca de la oración como un medio de obtener lo que deseamos, y la forma en cómo él busca despertar en nosotros por todo medio posible, la expectación confiada de la respuesta. Fui guiado a demostrar cómo la oración, en la cual el hombre entra en la mente de Dios, hace valer el poder real de una voluntad renovada. Hace descender a la tierra aquello que sin la oración no se hubiera dado. Es la prueba más grande de que el hombre ha sido hecho a la imagen del Hijo de Dios.

Se descubre que el hombre es digno de entrar en comunión con Dios, no tan sólo en la adoración y la alabanza, sino realmente sirviendo de instrumento para gobernar el mundo. De esta manera llega a ser el canal inteligente a través del cual Dios

13

puede cumplir su propósito eterno. El libro trató de reiterar y reforzar la preciosa verdad que Cristo predicó constantemente: La bendición de la oración está en que usted puede pedir y recibir lo que quiera. El ejercicio mayor y la gloria de la oración consisten en que la importunidad perseverante puede prevalecer y obtener lo que al principio Dios no hubiera podido ni hubiera querido dar.

Una segunda verdad se hizo aparente al estudiar las palabras del Maestro. Muchas personas preguntan: "Pero si la respuesta a la oración fue prometida de manera tan positiva, ¿por qué hay tantas oraciones que no reciben respuesta?" Descubrimos que Cristo nos enseñó que la respuesta depende de ciertas condiciones. El habló de fe, de perseverancia, de orar en su nombre, de orar conforme a la voluntad de Dios. Pero todas estas condiciones se resumieron en ésta: "Si *permanecéis en mí* . . . pedid todo lo que queréis, y os será hecho" (Juan 15:7).

Se nos hizo claro que el poder para orar eficazmente y con fe dependía de *la vida en Cristo*. El hombre tiene que entregarse a vivir tan completamente en Cristo y para Cristo como la rama se entrega a vivir en la vid y para la vid. Entonces, estas promesas pueden realizarse. *"En aquel día"*, dijo Cristo refiriéndose al día de Pentecostés, "pediréis en mi nombre". Sólo una vida llena del Espíritu Santo puede experimentar el verdadero poder de pedir en el nombre de Cristo. Esto me llevó a destacar la verdad de que la vida cristiana ordinaria no puede hacer suyas estas promesas. Para orar con poder se necesita una sólida y vigorosa vida espiritual. Esta enseñanza, naturalmente, me condujo a hacer hincapié en la necesidad de una vida de entera consagración. Varias personas me han dicho que al leer dicho libro, comprendieron por primera vez que se podía vivir mejor, que se debería hacerlo, si las maravillosas promesas de Cristo se han hecho realidad en nosotros.

Con respecto a estas verdades, no hay cambio en esta obra. Sólo deseamos poder expresarlas con tal claridad y fuerza que ayuden a todo amado hermano en Cristo a comprender correctamente la realidad y la gloria del privilegio que tenemos como hijos de Dios. ". . . pedid todo lo que queréis, y os será hecho".

Este libro debe su existencia al deseo de reforzar dos verdades, que yo no había comprendido así anteriormente. La primera es que *Cristo tuvo la intención de que la oración fuera el*

poder por el cual su iglesia debiera hacer su obra y que el
descuido de la oración es la gran razón por la cual la iglesia
carece de mayor poder sobre las masas en los países cristia-
nos y paganos. En el primer capítulo he declarado cómo se han
fortalecido en mí estas convicciones, y qué fue lo que me inspiró
para escribir el libro. Tiene como propósito, hacer una confesión de deficiencia y pecado, de parte de todo el pueblo de Dios
y de un servidor. Al mismo tiempo, es un llamado a creer que
las cosas pueden ser diferentes, y que Cristo espera capacitarnos, por medio de su Espíritu, para que oremos como él quiere
que lo hagamos.

Este llamado nos hace volver a lo que dije en el libro anterior:
que hay una vida en el Espíritu, una vida de permanecer en
Cristo, que está a nuestro alcance. En esa vida, el poder de la
oración puede lograrse en una medida que nunca antes pudiéramos haber imaginado: tanto el poder para orar como para
obtener la respuesta. Cualquier fracaso en la vida de oración,
cualquier deseo o esperanza de obtener el lugar que Cristo nos
ha preparado, nos lleva a la raíz de la doctrina de la gracia tal
como se manifiesta en la vida cristiana. Sólo mediante una entrega absoluta a una vida de permanencia, rindiéndonos a la
dirección y al estímulo de la plenitud del Espíritu, puede res-
taurarse la vida de oración hasta llegar a una condición saludable. Siento profundamente que no he podido expresar esto
en forma adecuada. Le ruego a Dios y confío en que él, quien
escoge lo débil, usará este libro para su propia gloria.

La segunda verdad que trato de destacar es que *nosotros*
tenemos un entendimiento muy restringido acerca del lugar
que debe ocupar la intercesión (que se distingue de la oración
por nosotros mismos) *en la iglesia y en la vida cristiana.*

Nuestro Rey, quien está sentado en el trono, halla su suprema gloria en la intercesión; en ella debemos hallar también
nosotros nuestra suprema gloria. Por medio de la intercesión,
el Señor continúa su obra salvadora, y sin ella no puede hacer
nada. Sólo por medio de ella podemos hacer nuestra obra, y sin
ella, nada vale. Por medio de la intercesión, él recibe del Padre
el Espíritu Santo y todas las bendiciones espirituales para impartir; por medio de ella, nosotros mismos somos llamados a
recibir la plenitud del Espíritu de Dios, con el poder de impartir
bendiciones espirituales a otros. El poder de la iglesia para ben-

decir reposa en la intercesión: *pedir y recibir dones celestiales para llevarlos a los hombres.* Cuando nosotros, por causa de la falta de enseñanza o de discernimiento espiritual, confiamos en nuestra propia diligencia y en nuestro propio esfuerzo para influir en el mundo y en la carne, y trabajamos más de lo que oramos, la presencia y el poder de Dios no se ven en nuestra obra como nosotros desearíamos.

Estos pensamientos me han llevado a preguntarme cómo se puede despertar a los creyentes para que tengan un sentido de su alto llamamiento en este particular, y cómo ayudarles y enseñarles a tomar parte en esta obra. Así que este libro difiere del anterior en que es un intento de abrir una escuela práctica, e invitar a todos los que nunca han tomado parte de manera sistemática en la gran obra de intercesión para que comiencen y se entreguen a ella.

Hay cientos de miles de obreros cristianos que han experimentado y están probando de modo maravilloso lo que puede hacer la oración. Pero también hay otros tantos que trabajan con sólo un poco de oración, y otros que no trabajan porque no saben cómo ni dónde. Deseo persuadir a todos a que se unan a la hueste de intercesores que han de hacer descender las bendiciones del cielo a la tierra. Para el bien de ellos, y de aquellos que necesiten asistencia, he preparado ayudas y claves para una escuela de intercesión por un mes (vea la página 136).

Les pido a los que quieran entrar en esto que comiencen dedicando por lo menos diez minutos diarios a esta obra. Por medio del hacer es que aprendemos. Al afianzarnos y comenzar, el Espíritu de Dios nos ayudará. Cuando oímos el llamado de Dios diariamente, y lo ponemos en práctica, de inmediato se despertará en cada uno de nosotros la conciencia de que: *Yo también soy un intercesor.* También sentiremos la necesidad de vivir en Cristo y de estar llenos del Espíritu Santo, para poder hacer esta obra de la manera correcta. No hay nada que pondrá a prueba y estimulará tanto la vida cristiana como el sincero intento de ser intercesor.

Es difícil concebir cuánto ganaremos nosotros mismos y la iglesia, si con todo el corazón aceptamos la posición de honor que Dios nos ofrece. Tengo la confianza de que el primer curso de un mes en la escuela de intercesión nos despertará para que comprendamos lo poco que sabemos interceder. Si hacemos el curso un segundo mes y un tercero, eso sólo puede profundizar nuestro sentido de ignorancia y de ineptitud, lo cual constituirá una indecible bendición. La confesión: "Qué hemos de pedir como conviene, no lo sabemos", es un requisito previo para la siguiente experiencia: "El Espíritu mismo intercede por nosotros". Nuestro sentido de ignorancia nos llevará a depender del Espíritu que ora en nosotros, y a sentir la necesidad de vivir en el Espíritu.

Hemos oído mucho acerca del estudio bíblico sistemático, y alabamos a Dios por los millares y millares de clases bíblicas y de lecturas bíblicas. Que todos los líderes de tales clases vean si pueden abrir *clases de oración*, para ayudar a sus estudiantes a orar en secreto, y enseñarles a ser hombres de oración por encima de todo lo demás. Que los pastores se pregunten qué pueden hacer en este sentido.

La fe en la Palabra de Dios no se puede ejercitar ni perfeccionar tanto en ninguna otra manera como en la intercesión que pide, espera y busca la respuesta. A través de la Escritura, en la vida de todos los santos, en la vida del propio Hijo de Dios, a través de la historia de la iglesia de Dios, Dios es, ante todo, un Dios que oye la oración. Tratemos de ayudar a los hijos de Dios para que conozcan a su Dios, y de estimular a todos los siervos de Dios para que trabajen con esta certidumbre: *La parte principal y más bendita de mi trabajo consiste en pedir y recibir del Padre lo que puedo llevar a otros.*

Ahora usted ve que lo que este libro contiene es la confirmación y el llamado a poner en práctica las dos grandes lecciones del anterior. "Pedid todo lo que queréis, y os será hecho". *"En aquel día pediréis en mi nombre"*. Estas grandes condiciones de la oración son universales e inmutables. Una vida de permanencia en Cristo y llena del Espíritu, una vida enteramente entregada como una rama para la obra de la vid, tiene el poder para reclamar estas promesas y para hacer de la oración, "la oración eficaz" que puede mucho. Señor, enséñanos a orar.

Andrew Murray
1º de septiembre de 1897

1

LA FALTA DE ORACION

"Codiciáis, y no tenéis" (Santiago 4:2).
"Y vio que no había hombre, y se maravilló que no hubiera quien se interpusiese" (intercesor) (Isaías 59:16).
"Nadie hay que invoque tu nombre, que se despierte para apoyarse en ti" (Isaías 64:7).

EN NUESTRA última convención en Wellington para la profundización de la vida espiritual, las reuniones de la mañana se dedicaron a la oración y a la intercesión. Se halló gran bendición tanto al oír lo que enseña la Palabra de Dios sobre la necesidad y el poder de la oración, como al unirnos para la súplica unida. Muchos pensaron que sabemos muy poco acerca de la oración perseverante e importuna, y que ésta es en realidad una de las necesidades más grandes de la iglesia.

Durante los últimos dos meses, he asistido a varias convenciones. En la primera, una Conferencia Misionera Holandesa en Langlaagte, la oración fue el tema general de los mensajes. Luego en la próxima, en Johannesburgo, un hombre de negocios dijo que tenía la profunda convicción de que la iglesia de nuestro día necesita grandemente más del espíritu de la práctica de la intercesión. Una semana después, en una Conferencia Ministerial Holandesa, pasamos dos días estudiando la obra del Espíritu Santo y, posteriormente, otros tres días estudiando la relación del Espíritu con la oración. Fuimos guiados a escoger el tema de la oración para las reuniones de los pastores en las sucesivas convenciones. Por todas partes la gente confesaba: "¡Oramos muy poco!" Junto con esto, parecía haber el temor de que, a causa de la presión del trabajo y la fuerza del hábito, era casi imposible esperar cualquier cambio grande.

Estas conversaciones me produjeron una profunda impresión. Había una gran desesperanza por parte de los siervos de

Dios con respecto a la posibilidad de que se produjera un cambio completo y se hallara una real liberación, de un fracaso que sólo puede impedir nuestro gozo en Dios y nuestro poder en su servicio. Yo le pedí a Dios que me diera palabras para llamar la atención sobre este mal, pero aun más, que despertara la fe e inspirara la seguridad de que Dios por su Espíritu *nos capacitará para orar como debemos.*

Permítame presentarle algunos ejemplos para demostrar cuán universal es la falta de una adecuada vida de oración.

El año pasado, el doctor Whyte, de la Iglesia Libre de San Jorge, Edimburgo, en un mensaje dirigido a los pastores, dijo que él como joven pastor, había pensado que cualquier tiempo que le quedara de la visita pastoral, debía pasarlo hasta donde le fuera posible estudiando libros. El quería alimentar a su pueblo con lo mejor que pudiera prepararles. Pero ahora había aprendido que la *oración* era más importante que el *estudio.* El les recordó a sus hermanos aquella elección de los diáconos para que se hicieran cargo de las recolectas, para que los doce apóstoles persistieran "en la oración y en el ministerio de la palabra". Dijo que algunas veces, cuando los diáconos le llevaban su salario, él tenía que preguntarse si había sido tan fiel en sus obligaciones como los diáconos en las de ellos. El sentía como si ya fuera tarde para volver a adquirir aquello que había perdido, e instó a sus hermanos a orar más. ¡Qué solemne confesión y advertencia por parte de alguien que ocupa un puesto alto! ¡Oramos muy poco!

Hace dos años, durante una convención que se realizó en Regent Square, en una conversación con un pastor londinense muy conocido, surgió este tema. El insistía en que dedicar muchísimo tiempo a la oración, implicaría el descuido de los llamados imperativos del deber. Este pastor dijo: "Antes del desayuno, se recibe el correo de la mañana, donde hay diez o doce cartas que se tienen que contestar, además de cumplir otros compromisos incontables, más que suficientes para llenar el día. Es difícil ver cómo puede hacerse eso".

Le respondí que era sencillamente asunto de escoger si el llamado de Dios a que le dediquemos nuestro tiempo y nuestra atención era más importante que el de los hombres. Si Dios está esperando encontrarse con nosotros y darnos bendición y poder del cielo para su obra, es una política miope poner otro

trabajo en el lugar que Dios y la espera en él deben de ocupar.
En una de nuestras reuniones pastorales, el superintendente de un distrito grande lo expresó del siguiente modo: "Yo me levanto en la mañana y paso media hora con Dios, estudiando la Palabra y orando, en mi cuarto, antes del desayuno. Luego, salgo, y estoy ocupado todo el día con numerosos compromisos. Creo que no pasan muchos minutos sin que respire una oración para pedir guía y ayuda. Después de mi día de trabajo, realizo mis devociones nocturnas y le hablo a Dios acerca de la obra del día. Pero de la oración intensa, definida, e importuna de la que habla la Biblia, sabemos muy poco". ¿Qué debo pensar de tal vida?, preguntó él.

Todos vemos el contraste que hay entre un hombre cuyos ingresos escasamente sostienen a su familia y mantienen su negocio, y otro cuyos ingresos lo capacitan para expandir su negocio y también para ayudar a otros. Puede haber una vida cristiana sincera en la cual sólo hay suficiente oración para mantener la posición que hemos logrado, pero sin mucho crecimiento en la espiritualidad o semejanza a Cristo. Esa es una actitud más bien defensiva, que busca pelear contra la tentación, y no una actitud agresiva que se extiende hacia los logros más elevados. Si en verdad ha de haber una marcha de fortaleza en fortaleza, y una experiencia significativa del poder de Dios para santificarnos y hacer que desciendan bendiciones sobre otros, tiene que haber una oración más definida y perseverante. La enseñanza bíblica acerca de clamar día y noche, de continuar firmes en la oración, de velar y orar, de ser oídos por la importunidad, en algún grado tiene que llegar a ser nuestra experiencia, si hemos de ser intercesores.

En la siguiente convención se presentó la misma pregunta en forma algo diferente. "Soy presidente de un centro al cual le corresponde atender un distrito grande. Veo la importancia de orar mucho, y sin embargo, mi vida casi no me deja tiempo para ello. ¿Hemos de someternos? O díganos, ¿cómo podemos lograr lo que deseamos?"

Admití que la dificultad era universal.

Uno de nuestros misioneros en Africa del Sur que más honores ha recibido tuvo la misma queja: "A las cinco de la mañana hay personas en la puerta que esperan medicinas. A las seis llegan los tipógrafos, y tengo que ponerlos a trabajar y enseñarles. A las nueve me llama la escuela, y hasta tarde en la noche estoy ocupado con numerosas cartas que tengo que contestar".

Para responder, cité un proverbio holandés: " 'Lo que es más pesado tiene que pesar más'. Es decir, lo más pesado tiene que ocupar el primer lugar. La ley de Dios es inmutable; así como sucede en la tierra, en nuestra comunicación con el cielo, sólo obtenemos según lo que damos. A menos que estemos dispuestos a pagar el precio, a sacrificar tiempo y atención, y tareas aparentemente legítimas o necesarias a favor de los dones celestiales, no necesitamos buscar mucho poder del cielo para nuestra obra".

Todo el grupo se unió en esta triste confesión. Lo habían pensado bien, habían lamentado el asunto incontables veces. Aún así, allí estaban ellos, con todos estos clamores que ejercían presión y todos los fracasos de las resoluciones de orar, que obstruían el camino. Posteriormente, en este libro hallará el informe que le dirá hacia dónde nos llevó esta conversación.

Permítame hacer mención de un testigo más. Durante mi viaje me encontré con uno de los padres Cowley, quienes tienen retiros para los clérigos de la iglesia anglicana. Me interesé en saber la línea de enseñanza que él seguía. En el transcurso de la conversación, él usó la expresión "la distracción de los negocios", que según él, era una de las grandes dificultades a que tenía que hacer frente en sí mismo y en otros. Por los votos de su orden, él estaba obligado a dedicarse especialmente a la oración. Pero le parecía muy difícil. Todos los días, tenía que estar en cuatro diferentes puntos del pueblo en que vivía; su predecesor le había dejado la responsabilidad de varios comités, donde se esperaba que él hiciera toda la obra. Parecía que todo conspiraba para impedirle orar.

Ciertamente, este testimonio demuestra que la oración no ocupa el lugar que debiera ocupar en nuestra vida pastoral y cristiana. Todos estamos dispuestos a confesar tal deficiencia. Estos ejemplos también indican que las dificultades que bloquean la liberación hacen casi imposible el regreso a una vida verdadera y llena de oración.

Pero . . . bendito sea Dios: "Lo que es imposible para los hombres, es posible para Dios". "Y poderoso es Dios para hacer que abunde en vosotros toda gracia, a fin de que, teniendo siempre en todas las cosas todo lo suficiente, abundéis para toda buena obra".

El llamado de Dios a orar mucho no necesita ser una carga, ni una causa de continua autocondenación. El quiere que sea un gozo. El puede hacer que sea una inspiración. Por medio de ese llamado nos puede dar fuerza para todo nuestro trabajo y hacer descender su poder para que obre por medio de nosotros en nuestros semejantes.

Sin temor, confesemos el pecado que nos avergüenza, y luego hagámosle frente en el nombre de nuestro poderoso Redentor. *La misma luz que nos muestra nuestro pecado y nos condena por él, nos mostrará la vía de escape hacia la vida de libertad que agrada a Dios.* Que esta infidelidad en la oración nos convenza de la falta en nuestra vida cristiana que yace en la raíz de ella. Luego, Dios usará este descubrimiento para llevarnos, no sólo al poder para orar que tanto anhelamos, sino también al gozo de una vida nueva y saludable, de la cual la oración es la expresión espontánea.

¿Cómo puede transformarse nuestra falta de oración en una bendición? ¿Cómo puede cambiarse en un sendero de entrada en que el mal sea dominado? ¿Cómo puede llegar a ser nuestra relación con el Padre lo que debe ser: una relación de continua oración e intercesión, de tal modo que nosotros y el mundo que nos rodea seamos bendecidos?

Tenemos que comenzar regresando a la Palabra de Dios para estudiar el lugar que Dios quiere que ocupe la oración en la vida de su hijo y de su iglesia. Un nuevo entendimiento de lo que es la oración *según la voluntad de Dios*, de lo que nuestras oraciones pueden ser, *por la gracia de Dios*, nos librará de nuestras débiles y deterioradas actitudes acerca de la absoluta necesidad de la oración continua, que yacen en la raíz de nuestro fracaso.

Cuando nosotros logremos un discernimiento de lo razonable y recta que es esta asignación divina, y cuando estemos plenamente convencidos de la manera tan maravillosa como cuadra con el amor de Dios y con nuestra propia felicidad, nos libraremos de la falsa impresión de que ésta es una demanda arbitraria. Con todo el corazón y con toda el alma, estaremos de acuerdo y nos rendiremos a ella, y nos regocijaremos en ella, como la manera única y posible de que la bendición del cielo venga a la tierra. Todo pensamiento de que ésa es una tarea y una carga de esfuerzo propio y fatiga, pasará. Tan sencilla como es la respiración para la vida física, así será la oración en la vida del cristiano que está dirigido y lleno por el Espíritu de Dios. A medida que pensamos en esta enseñanza de la Palabra de Dios sobre la oración y la aceptamos, comprenderemos que nuestro fracaso en nuestra vida de oración es el resultado de nuestro fracaso de la vida en el Espíritu. La oración es una de las funciones más celestiales y espirituales de la vida en el Espíritu. ¿Cómo pudiéramos tratar de cumplirla o esperar cumplirla de tal manera que agrade a Dios, sin que nuestra alma tenga perfecta salud y nuestra vida esté poseída y movida por el Espíritu de Dios?

El discernimiento con respecto al lugar que Dios quiere que la oración ocupe en una vida cristiana plena, nos mostrará que no hemos estado viviendo la vida verdadera y abundante. Cualquier pensamiento sobre orar más, o sobre orar de manera eficaz, será vano, a menos que lleguemos a una relación más íntima con nuestro bendito Señor Jesús. Cristo es nuestra vida. El vive en nosotros de una manera tan real que su vida de oración en la tierra y de intercesión en el cielo se nos infunde en la medida en que nuestra entrega y nuestra fe lo permitan y lo acepten.

Jesucristo es el sanador de todas las enfermedades, el vencedor de todos los enemigos, el que libra de todo pecado. Nuestro fracaso nos enseña a volvernos de nuevo a él, a hallar en él la gracia que da para orar como debemos. La humillación de nuestro fracaso pasado puede transformarse en nuestra mayor bendición. Roguémosle a Dios que él visite nuestra alma y nos haga aptos para aquella obra de intercesión que es la mayor necesidad de la iglesia y del mundo. Sólo mediante la intercesión puede descender del cielo el poder que capacitará a la iglesia para conquistar al mundo.

Avivemos el don dormido que no hemos puesto en uso. Tratemos de reunir, enseñar y agrupar a todos los que podamos, para que le recordemos a Dios sus promesas. No le demos a él descanso hasta que haga que su iglesia sea un gozo en la tierra. Nada sino la oración puede hacer frente al intenso espíritu de mundanalidad de que se oyen quejas por todas partes.

2

EL MINISTERIO DEL ESPIRITU Y LA ORACION

"Pues si vosotros, siendo malos, sabéis dar buenas dádivas a vuestros hijos, ¿cuánto más vuestro Padre celestial dará el Espíritu Santo a los que se lo pidan?" (Lucas 11:13).

CRISTO acababa de decir: "Pedid, y se os dará" (11:9). La dádiva de Dios está inseparablemente unida a nuestra petición. El aplica este principio especialmente al Espíritu Santo. Como un padre terrenal da pan a su hijo, así Dios da el Espíritu Santo a los que se lo pidan. El ministerio total del Espíritu Santo está regido por una gran ley: *Dios tiene que dar, nosotros tenemos que pedir*. Cuando se derramó el Espíritu Santo en el Pentecostés con un flujo incesante, fue un acontecimiento que vino como respuesta a la oración. Su entrada en el corazón del creyente y su efusión en ríos de agua viva dependen siempre de la ley: "Pedid, y se os dará".

Junto con nuestra confesión de la falta de oración, también necesitamos un claro entendimiento del lugar que le corresponde a la oración en el plan de Dios para la redención. En ninguna parte se halla esto más claro que en la primera mitad del libro de Los Hechos de los apóstoles. El derramamiento del Espíritu Santo en el nacimiento de la iglesia y el primer frescor de su vida celestial que se manifestó en el poder de ese Espíritu, nos enseñaría que *la oración en la tierra*, bien como causa o como efecto, *es la verdadera medida de la presencia del Espíritu del cielo*.

Comenzamos con las bien conocidas palabras: "Todos éstos perseveraban unánimes en oración y ruego". Y luego, sigue el relato: "Cuando llegó el día de Pentecostés, estaban todos unánimes juntos . . . Y fueron todos llenos del Espíritu Santo".

"... y se añadieron aquel día como tres mil personas" (Hechos 1:14; 2:1, 4, 41).

La gran obra de redención había sido realizada. Cristo les había prometido que recibirían el Espíritu Santo "dentro de no muchos días". Ya él se había sentado en el trono y había recibido el Espíritu del Padre. Pero todo esto no era suficiente. Se necesitaba algo más: los diez días de continuo ruego unido por parte de los discípulos.

La intensa oración continua preparó los corazones de los discípulos, abrió las ventanas del cielo e hizo descender el don prometido. El poder del Espíritu no podía ser dado sin que Cristo se sentara en el trono, ni podía descender sin que los discípulos estuvieran en el escañuelo del trono.

Allí mismo en el nacimiento de la iglesia se establece la ley para todas las edades, que no importa qué otra cosa pueda hallarse en la tierra, el poder del Espíritu Santo tiene que pedirse para que descienda del cielo. La medida de la continua oración de fe será la medida de la obra del Espíritu Santo en la iglesia.

Lo que necesitamos es oración directa, definida, determinada. Esto se confirma en el capítulo cuatro de Los Hechos. Pedro y Juan habían sido llevados ante el concilio y se les había amenazado de que serían castigados. Cuando ellos regresaron a sus hermanos y les informaron lo que se les había dicho: "alzaron unánimes la voz a Dios", y le pidieron denuedo para hablar la Palabra. "Cuando hubieron orado, el lugar en que estaban congregados tembló ... y hablaban con denuedo la palabra de Dios. Y la multitud de los que habían creído eran de un corazón y un alma ... Y con gran poder los apóstoles daban testimonio de la resurrección del Señor Jesús, y abundante gracia era sobre todos ellos".

Es como si la historia del Pentecostés se repitiera por segunda vez: la oración, el sacudimiento de la casa, el hecho de que fueron llenos del Espíritu, el hecho de que hablaron con denuedo y poder la Palabra de Dios, la abundante gracia que había sobre todos ellos, la manifestación de la unidad y el amor, a fin de imprimir permanentemente en el corazón de la iglesia, que *la oración está en la raíz de la vida espiritual y del poder de la iglesia*. El grado en que Dios da su Espíritu está determinado por el grado en que se lo pidamos. El como Padre lo da a aquel que pide como hijo.

En el capítulo seis hallamos que, cuando la gente se quejó porque se estaba descuidando a los judíos griegos en la distribución diaria, los apóstoles propusieron que se nombraran diáconos para servir a las mesas, y dijeron: "nosotros persistiremos en la oración y en el ministerio de la palabra". A menudo se dice, y con razón, que en el negocio honesto (mientras esté completamente subordinado al reino, el cual siempre tiene que ser primero) no hay nada que tenga que impedir la comunión con Dios. Mucho menos debe obstaculizar la vida espiritual el servicio a los pobres. Y, sin embargo, los apóstoles pensaron que tal servicio impediría que ellos se entregaran al ministerio de la oración y de la Palabra.

¿Qué nos enseña esto? El mantenimiento del espíritu de oración es posible en muchas clases de trabajo, pero no es suficiente para los que son líderes de la iglesia. Para comunicarse con el Rey que está en el trono y mantener el mundo celestial en un enfoque claro y fresco; para extraer el poder y la bendición de ese mundo, no sólo para el mantenimiento de nuestra propia vida espiritual, sino también para los que nos rodean; para recibir instrucción continua y poder para la gran obra que había que hacer; los apóstoles, como ministros de la Palabra, sintieron la necesidad de estar libres de otras responsabilidades para dedicarse a la oración.

Santiago escribe: "La religión pura y sin mácula delante de Dios el Padre es esta: Visitar a los huérfanos y a las viudas en sus tribulaciones". Si alguna vez fue sagrada alguna obra, ésa fue la de cuidar a esas viudas griegas. Aun así, tales deberes podían interferir en el llamamiento especial a dedicarse a la oración y al ministerio de la Palabra. En la tierra, como en el cielo, hay fuerza por medio de la división del trabajo. Algunos, como los diáconos, primordialmente tenían que dedicarse a servir a las mesas y administrar los donativos de la iglesia aquí en la tierra. Otras tenían que estar libres para continuar firmemente en la oración, lo cual aseguraría el constante descenso de poder del mundo celestial.

El ministro de Cristo es apartado para entregarse por igual a la oración y al ministerio de la Palabra. La fiel obediencia a esta ley es el secreto del poder y del éxito de la iglesia. Antes del Pentecostés, y después, los apóstoles fueron hombres que se dedicaron a la oración.

En el capítulo ocho de Los Hechos tenemos la íntima relación entre el don pentecostal y la oración, visto desde otro punto de vista. En Samaria, Felipe había predicado con gran bendición, y muchos habían creído. Pero el Espíritu Santo no había descendido sobre ninguno de ellos. Los apóstoles enviaron a Pedro y a Juan para que oraran por ellos para que pudieran recibir el Espíritu Santo.

El poder para pronunciar tal oración era un don superior a la predicación. Era una obra que les correspondía a los hombres que habían estado en el contacto más íntimo con el Señor en la gloria. Era una obra esencial para la perfección de la vida que la predicación y el bautismo, la fe y la conversión, sólo habían comenzado. De todos los dones de la iglesia primitiva que nosotros debemos anhelar, no hay ninguno que sea más necesario que el don de la oración: la oración que hace descender el Espíritu Santo sobre los creyentes. Este poder se da a los hombres que dicen: "Nosotros persistiremos en la oración".

El derramamiento del Espíritu Santo en la casa de Cornelio en Cesarea, constituye otro testimonio de la maravillosa interdependencia entre la oración y el Espíritu. Esta es otra prueba de lo que le ocurrirá a un hombre que se haya entregado a la oración.

Al mediodía, Pedro había subido a la azotea para orar. ¿Qué le ocurrió? Vio el cielo abierto, y tuvo una visión en la que se le reveló que Dios limpiaba a los gentiles. Luego llegaron tres hombres con un mensaje procedente de Cornelio, un hombre que "oraba a Dios siempre", y había oído que un ángel le decía: "Tus oraciones . . . han subido para memoria delante de Dios". Luego, Pedro oyó la voz del Espíritu que le decía: "No dudes de ir con ellos".

Dios se revela al Pedro que ora, a quien guía para que vaya a Cesarea, donde se pone en contacto con una compañía de oyentes que ora y está preparada. No es extraño que en respuesta a toda esta oración descienda la bendición más allá de toda expectación, y se derrame el Espíritu Santo sobre los gentiles.

El pastor que ora mucho entrará en la voluntad de Dios, de la cual, en otra forma no sabría nada. Se encontrará con personas que oran cuando menos lo espera. Recibirá más bendiciones de las que pide o piensa. La instrucción y el poder del

Espíritu Santo están inalterablemente vinculados a la oración. El poder que tiene la oración de la iglesia ante su Rey glorificado, no sólo se muestra cuando oran los apóstoles, sino también cuando ora la comunidad cristiana. En el capítulo 12 de Los Hechos encontramos la historia de Pedro cuando se hallaba en la cárcel en vísperas de ser ejecutado. La muerte de Jacobo había hecho comprender a la iglesia que se hallaba en gran peligro; la idea de que también podrían perder a Pedro despertó todas sus energías. La iglesia se dedicó a orar: "la iglesia hacía sin cesar oración a Dios por él".

Esa oración fue eficaz. Pedro fue librado. Cuando éste llegó a la casa de María, halló que "muchos estaban reunidos orando". Los muros de piedra y las cadenas dobles, los soldados y los guardias, y finalmente la puerta de hierro; todos dieron paso al poder del cielo que la oración hizo descender para rescatarlo. Todo el poder del imperio romano, representado por Herodes, fue impotente ante la presencia del poder que la iglesia del Espíritu Santo ejerció en la oración.

Aquellos cristianos estaban en relación estrecha y viviente con su Señor que estaba en el cielo. Ellos sabían que eran absolutamente verdaderas las palabras: "Toda potestad me es dada", y "he aquí yo estoy con vosotros todos los días". Ellos tenían fe en la promesa que él les había hecho de que oiría cualquier cosa que ellos le pidieran. Apuntalados por estas verdades, oraron con la seguridad de que los poderes del cielo no sólo podían obrar en la tierra, sino que obrarían por petición de la iglesia y a favor de ella. La iglesia pentecostal creyó en la oración y la practicó.

Como una ilustración que indica el lugar que ocupó la oración y la bendición que constituyó entre los hombres llenos del Espíritu Santo, el capítulo 13 de Los Hechos nombra a cinco hombres de Antioquía, los cuales se habían dedicado a servir al Señor con oración y ayuno. Su oración no fue en vano, pues mientras ministraban al Señor, el Espíritu Santo se encontró con ellos y les dio un nuevo discernimiento de los planes de Dios. El los llamó para que fueran sus colaboradores. Había un trabajo para el cual él había llamado a Bernabé y a Saulo. La parte que les correspondía y el privilegio que tenían estos cinco hombres consistían en separar a Bernabé y a Saulo con renovado ayuno y oración, y despedirlos, enviados "por el Espíritu Santo".

Dios no enviaría desde el cielo a sus siervos escogidos sin la cooperación de su iglesia. Los hombres habrían de participar en la obra de Dios en la tierra. La oración los hizo aptos y los preparó para esto. A los hombres de oración, el Espíritu Santo les dio autoridad para hacer su obra y usar su nombre. El Espíritu Santo les fue dado por medio de la oración. La oración es aún el único secreto para la verdadera extensión de la iglesia, la oración que es dirigida desde el cielo para hallar y enviar hombres llamados por Dios y capacitados por él.

Como respuesta a la oración, el Espíritu Santo indicará cuáles son los hombres que ha seleccionado; en respuesta a la oración que los aparta y los coloca bajo su dirección, él les concederá el honor de saber que son hombres "enviados por el Espíritu Santo". La oración vincula al Rey que está en el trono con la iglesia que está a sus pies. La iglesia, que es el eslabón humano, recibe su fuerza divina procedente del poder del Espíritu Santo, el cual viene en respuesta a la oración.

En estos capítulos acerca de la historia de la iglesia pentecostal, se destacan claramente dos grandes verdades: *Donde hay mucha oración, habrá mucho del Espíritu; donde hay mucho del Espíritu, habrá oración siempre.* Tan clara es la conexión viviente entre estas dos verdades que cuando se da el Espíritu en respuesta a la oración, estimula para que haya más oración a fin de preparar para una revelación y una comunicación más plenas de su poder y de su gracia divinos. Si la oración fue el poder mediante el cual floreció y triunfó la iglesia primitiva, ¿no es el poder que necesita la iglesia de nuestros días?

Aprendamos algunas verdades que deben considerarse como axiomas en la obra de nuestra iglesia:

1. El cielo está aún tan lleno de reservas de bendiciones espirituales como estuvo en aquel tiempo.

2. Dios aún se deleita en dar el Espíritu Santo a los que se lo pidan.

3. Nuestra vida y nuestra obra dependen aún de que se nos imparta el poder divino, como ocurría en los tiempos del Pentecostés.

4. La oración es aún el medio escogido para hacer descender con poder estas bendiciones celestiales sobre nosotros y sobre los que nos rodean.

5. Dios aún busca mujeres y hombres que, además de toda la obra que tengan en el ministerio, se entreguen especialmente a la oración perseverante. Podemos tener el privilegio de ofrecernos a Dios para trabajar en oración y hacer que desciendan estas bendiciones a la tierra. ¿No buscaremos a Dios para que él haga que toda esta verdad viva en nosotros? ¿No le imploraremos en oración que no descanse hasta que tal verdad nos haya dominado y nuestro corazón esté tan lleno de ella que consideremos la práctica de la intercesión como nuestro supremo privilegio? ¿No pediremos que se nos conceda hacer esto que es el medio único y seguro para obtener la bendición para nosotros mismos, para la iglesia y para el mundo?

3

UN MODELO DE INTERCESION

"Les dijo también: ¿Quién de vosotros que tenga un amigo, va a él a medianoche y le dice: Amigo, préstame tres panes, porque un amigo mío ha venido a mí de viaje, y no tengo qué ponerle delante; y aquél, respondiendo desde adentro, le dice: No me molestes; . . . no puedo levantarme, y dártelos? Os digo, que aunque no se levante a dárselos por ser su amigo, sin embargo por su importunidad se levantará y le dará todo lo que necesite" (Lucas 11:5–8).

"Sobre tus muros, oh Jerusalén, he puesto guardas; todo el día y toda la noche no callarán jamás. Los que os acordáis de Jehová, no reposéis, ni le deis tregua" (Isaías 62:6, 7).

YA HEMOS visto el poder que tiene la oración. Es el único poder sobre la tierra que da órdenes al poder del cielo. La historia de los primeros días de la iglesia es la gran lección de Dios que nos sirve de modelo para enseñar a la iglesia lo que la oración puede hacer. Sólo la oración puede bajar los tesoros y los poderes del cielo a la vida de la tierra.

Recordemos las lecciones que hemos aprendido según las cuales la oración es al instante indispensable e irresistible. Vimos que hay poder y bendición desconocidos e indecibles atesorados para nosotros en el cielo; ese poder nos convertirá en una bendición para los hombres, y nos hará aptos para cualquier obra o para enfrentarnos a cualquier peligro. Vimos que hay que buscar ese poder en oración de manera continua y persistente; que los que tienen el poder celestial pueden, por medio de la oración, hacerlo descender sobre otros; que en todas las relaciones entre los pastores y el pueblo, en todos los ministerios de la iglesia de Cristo, ese poder es el único secreto del éxito; que ese poder puede desafiar a todos los poderes del mundo y hacer aptos a los hombres para conquistar al mundo para Cristo. El poder de la vida celestial, el poder del propio Espíritu de Dios, el poder de la Omnipotencia, está esperando que la oración lo haga descender.

En todo este tipo de oración, se pensó muy poco en la necesidad personal o en la felicidad. Más bien, hubo el deseo de dar el testimonio de Cristo y de llevarlo a él y su salvación a otros. Lo que poseyó a estos discípulos fue el pensamiento del reino de Dios y su gloria. Si queremos ser librados del pecado de la oración restringida, tenemos que ensanchar nuestros corazones para la obra de intercesión.

El intento de orar constantemente por nosotros mismos tiene que fracasar. En la intercesión a favor de otros se estimularán nuestra fe, nuestro amor y nuestra perseverancia, y hallaremos aquel poder del Espíritu Santo que puede hacernos aptos para salvar hombres. ¿Cómo podemos llegar a ser más fieles y tener éxito en la oración? Veamos cómo el Maestro nos enseña, en la parábola del amigo que salió a medianoche (Lucas 11), que la intercesión a favor de los necesitados exige el más alto ejercicio de nuestro poder de fe y de oración prevaleciente. La intercesión es la forma de oración más perfecta. Cristo siempre vive en su trono para hacer esa clase de oración. Aprendamos cuáles son los elementos de la verdadera intercesión.

1. *Una necesidad urgente.* Es aquí donde tiene su origen la intercesión. El amigo llegó a medianoche, una hora completamente inoportuna. Tenía hambre y no podía comprar pan. Si hemos de aprender a orar como debemos, tenemos que abrir los ojos y el corazón para ver las necesidades de los que nos rodean.

Continuamente oímos acerca de los miles de millones de paganos y musulmanes que viven en la tenebrosidad de la medianoche, y perecen por falta del pan de vida. Oímos acerca de los millones de cristianos nominales, la gran mayoría de los cuales casi son tan ignorantes e indiferentes como los paganos. Vemos millones de individuos en la iglesia cristiana, que no son ignorantes ni indiferentes, y sin embargo, saben poco con respecto a andar en la luz de Dios o del poder de una vida alimentada con el pan del cielo. Cada uno de nosotros tiene su propio círculo: congregación, escuela, amigos, misión; en que la gran queja es que la luz y la vida de Dios se conocen muy poco. Pero si creemos lo que profesamos: que sólo Dios puede ayudar, y que Dios ciertamente ayudará en respuesta a la oración, todo esto nos convertirá en intercesores. Eso debe motivarnos a ser personas que entregan sus vidas a la oración por aquellos que nos rodean.

Hagamos frente a esto y consideremos la necesidad: ¡cada alma sin Cristo va a las tinieblas, y perece de hambre, aunque hay suficiente pan, y de sobra! ¡Cada año mueren millones de personas sin el conocimiento de Cristo! ¡Nuestros propios vecinos y amigos, almas que se nos han confiado, mueren sin esperanza! ¡Los cristianos que nos rodean viven de manera enfermiza, frágil e infructífera! Ciertamente se necesita la oración. No servirá nada, nada, sino la oración a Dios para pedirle ayuda.

2. *Un amor dispuesto.* El amigo hospedador introdujo en su casa, y también en su corazón, al amigo cansado y hambriento. No le dio la excusa de que no tenía pan. A medianoche salió a buscárselo. Sacrificó su noche de descanso y su comodidad para buscar el pan que se necesitaba. El amor "no busca lo suyo". La misma naturaleza del amor es darse y olvidarse de sí mismo por el bien de otros. Toma las necesidades de otros y las hace suyas. Halla el gozo real en vivir y morir por otros como lo hizo Cristo.

El amor de una madre por su hijo pródigo hace que ella ore por él. El amor verdadero por las almas se volverá en nosotros el espíritu de intercesión. Es posible trabajar mucho de manera fiel y sincera a favor de nuestros semejantes, sin sentir verdadero amor hacia ellos. Como un abogado o un médico, a causa del amor a su profesión, y del alto sentido de la fidelidad o del deber, puede entrar profundamente en las necesidades de sus clientes o pacientes, sin sentir ningún amor especial por ellos, así los siervos de Cristo pueden entregarse a su obra con devoción y sacrificarse con entusiasmo, sin sentir ningún amor fuerte como el de Cristo por las almas. Esta falta de amor es la que produce muchísima deficiencia en la oración. Sólo cuando el amor a nuestra profesión y a nuestro trabajo, el deleite en la integridad y en la diligencia, se reducen a la tierna compasión de Cristo, el amor nos obligará a orar, por cuanto no podemos descansar de nuestra obra si las almas no son salvas. El verdadero amor tiene que orar.

3. *Reconociendo nuestra incapacidad.* Con frecuencia hablamos acerca del poder del amor. En cierto sentido, eso es cierto. Y sin embargo, esta verdad tiene sus limitaciones, que

no pueden olvidarse. El más fuerte amor puede ser absolutamente incapaz. Una madre pudiera estar dispuesta a dar su vida por el hijo que agoniza, pero aun así no ser capaz de salvarlo. El amigo que salió a la medianoche estaba muy dispuesto a darle pan a su amigo, pero no tenía nada. Esta comprensión de su incapacidad para ayudar, fue la que lo envió a suplicar: ". . . un amigo mío ha venido a mí de viaje, y *no tengo qué ponerle delante*". Este sentido de reconocer la incapacidad en los siervos de Dios es la verdadera fuerza a la vida de intercesión.

"No tengo qué ponerle delante". Cuando esta conciencia se apodera del pastor o del misionero, del maestro o del obrero cristiano, la intercesión llega a ser la única esperanza, el único refugio. Yo puedo tener conocimiento y verdad, un corazón amoroso y la disposición de entregarme a favor de aquellos que están a mi cuidado, pero no puedo darles el pan del cielo. A pesar de mi amor y mi celo, "no tengo qué ponerles delante".

Bendito el hombre que ha tomado lo siguiente como lema de su ministerio: "No tengo nada". El piensa en el día del juicio y en el peligro para las almas. Ve que para salvar a los hombres del pecado se necesita un poder y una vida sobrenaturales. Se siente absolutamente insuficiente. Lo único que puede hacer es satisfacer las necesidades naturales de ellos. *"No tengo nada"*. Esto lo impulsa a orar. Mientras piensa en la tenebrosidad de la medianoche y en las almas hambrientas, le parece que la intercesión es la única esperanza, lo único en que puede refugiarse el amor.

Como advertencia para todos los que son fuertes y prudentes para el trabajo, para estímulo de todos aquellos que son frágiles, recuerden esta verdad. El reconocer que se es incapaz es el alma de la intercesión. El cristiano más sencillo y frágil puede hacer que descienda la bendición del Dios Todopoderoso.

4. *Fe en la oración*. Lo que el hombre en sí no tiene, otro lo puede proveer. El tiene un amigo rico que vive cerca quien podrá y estará dispuesto a darle el pan. Está seguro de que si sólo pide, recibirá. Esta fe lo hace salir de su hogar a medianoche. Si él mismo no tiene el pan para darle a su amigo, se lo puede pedir a otro.

Necesitamos esta fe sencilla y confiada de que Dios dará. Donde ella existe, ciertamente no habrá posibilidad de que no oremos. En la Palabra de Dios tenemos todo lo que puede estimular y fortalecer tal fe en nosotros. El cielo que ven nuestros ojos naturales es un océano de luz del sol; y su luz y su calor dan belleza y fructificación a la tierra. Del mismo modo, la Escritura nos muestra el verdadero cielo de Dios, que está lleno de todas las bendiciones espirituales: luz y amor y vida divinos; gozo y paz y poder celestiales; todos los cuales brillan sobre nosotros. Ella nos revela que nuestro Dios espera y aun se deleita en otorgar estas bendiciones como respuesta a la oración.

Por medio de un millar de promesas y testimonios, la Biblia nos llama y nos insta a que creamos que la oración será oída, que lo que no nos es posible hacer a favor de aquellos a quienes queremos ayudar, puede hacerse y recibirse por medio de la oración. Ciertamente no puede haber discusión en cuanto a que creemos que la oración será oída. También vemos que, por medio de la oración, los más pobres y débiles pueden dispensar bendiciones a los necesitados, y que cada uno de nosotros, aunque seamos pobres, podemos hacer ricos a otros.

5. *Una importunidad que prevalece.* La fe del amigo hospedador se encontró con un repentino e inesperado obstáculo: El amigo rico se negó a oír la petición. ". . . no puedo levantarme, y dártelos". El corazón amante no había contado con esta desilusión. No pudo consentir en aceptarla. El suplicante insiste en su triple plegaria: Tengo un amigo necesitado; tú tienes abundancia; yo soy tu amigo. Luego se niega a aceptar que se le rechace la petición. El amor que abrió su casa a la medianoche y luego salió a buscar ayuda, tiene que vencer.

Esta es la lección central de la parábola. En nuestra intercesión podemos hallar que hay dificultad y demora en la respuesta. Puede ser como si Dios dijera: "No puedo dártelo". No es fácil, en contra de todas las apariencias, aferrarnos a nuestra confianza de que él oirá, y luego continuar perseverando con plena certidumbre de que tendremos lo que pedimos. Aun así, esto es lo que Dios desea de nosotros. El aprecia altamente nuestra confianza en él, la cual es esencialmente el más alto honor que la criatura puede rendir al Creador. Por tanto, él hará cualquier cosa para entrenarnos en el ejercicio de esta confianza en él. Bienaventurado el hombre que no se tambalea por la demora, o el silencio, o la aparente negativa de Dios, sino que es fuerte en la fe y le da a Dios la gloria. Tal fe persevera, importunamente, si es necesario, y no puede dejar de heredar la bendición.

6. *La certeza de una rica recompensa.* "Os digo, que . . . por su importunidad se levantará y le dará todo lo que necesite". ¡Ah, que nosotros creamos en la certeza de una respuesta abundante! Un profeta de la antigüedad dijo: ". . . no desfallezcan vuestras manos, *pues hay recompensa para vuestra obra*". Que todos los que piensen que es difícil orar mucho fijen los ojos en la recompensa, y con fe aprendan a contar con la seguridad divina de que su oración no puede ser en vano.

Si sólo creemos en Dios y en su fidelidad, la intercesión será el primer lugar al cual acudimos para refugiarnos cuando buscamos bendiciones para otros. Será lo último para lo cual no podamos hallar tiempo. También será algo de gozo y esperanza, pues todo el tiempo que estemos en oración reconocemos que estamos sembrando una semilla que llevará fruto a ciento por uno. La desilusión es imposible: "Os digo, que . . . se levantará y le dará todo lo que necesite".

Ustedes, los que aman las almas, y los obreros en el servicio del evangelio, anímense. El tiempo que se pasa en oración producirá más que el que se dedica al trabajo. La oración le da al trabajo su valor y su éxito. La oración abre el camino para que el mismo Dios haga su obra en nosotros y a través de nosotros. Que nuestro principal trabajo como mensajeros de Dios sea la intercesión; con ella aseguramos que la presencia y el poder de Dios vayan con nosotros.

"¿Quién de vosotros que tenga un amigo, va a él a medianoche y le dice: Amigo, préstame tres panes?" Este amigo no es otro que nuestro Dios. En la oscuridad de la medianoche, en la hora más improbable y en la mayor necesidad, cuando tenemos que decir de aquellos que amamos y por los cuales nos preocupamos: "No tengo qué ponerles delante", recordemos que tenemos un Amigo rico en el cielo. El Dios y Padre eterno sólo espera que le pidamos correctamente.

Confesemos a Dios nuestra falta de oración. Admitamos que la falta de fe, de la cual es prueba de la falta de oración, es síntoma de una vida no espiritual, que está aún bajo el poder del ego, de la carne y del mundo. Por fe en el Señor Jesús, quien pronunció esta parábola y espera que cada uno de sus rasgos se verifiquen en nosotros, entreguémonos a él para ser intercesores. Que cada vez que veamos almas que necesiten ayuda, que todo impulso del espíritu de compasión, que todo sentido de reconocer nuestra propia incapacidad para bendecir, que toda dificultad en el camino por el cual se recibe la respuesta a la oración, sean elementos que se combinen sólo para impulsarnos a hacer una cosa: clamar con importunidad a Dios, quien sólo puede y quiere ayudar.

Pero si en verdad sentimos que hemos fracasado hasta ahora en la vida de intercesión, hagamos lo mejor que podamos para enseñar a la nueva generación de cristianos a fin de que se aprovechen de nuestros errores y los eviten. Moisés no pudo entrar en la tierra de Canaán, pero hubo una cosa que él pudo hacer. El pudo obedecer esta orden de Dios: ". . . manda a Josué, y anímalo, y fortalécelo" (Deuteronomio 3:28). Si es demasiado tarde para que nosotros corrijamos nuestro fracaso, por lo menos animemos a los que vienen detrás de nosotros, para que entren en la buena tierra, en la vida bendita de la oración incesante.

El intercesor modelo es el obrero cristiano modelo. El secreto para tener éxito en la obra consiste en obtener de Dios, y luego dar lo que nosotros mismos logramos día tras día. La intercesión es el vínculo bendito entre nuestra impotencia y la omnipotencia de Dios.

4

POR SU IMPORTUNIDAD

"Os digo, que aunque no se levante a dárselos por ser su amigo, sin embargo *por su importunidad* se levantará y le dará todo lo que necesite" (Lucas 11:8).

"También les refirió Jesús una parábola sobre la necesidad de orar siempre, y no desmayar . . . Oíd lo que dijo el juez injusto. ¿Y acaso Dios no hará justicia a sus escogidos, que *claman a él día y noche? ¿Se tardará en responderles?* Os digo que pronto les hará justicia" (Lucas 18:1, 6–8).

NUESTRO Señor Jesús pensó que para nosotros era tan importante comprender la necesidad de la perseverancia y la importunidad en la oración que presentó dos parábolas para enseñarnos esa verdad. Esto prueba de manera suficiente que este aspecto de la oración encierra la mayor dificultad y el poder más grande. El quiere que nosotros sepamos que en la oración, no todo será fácil y halagüeño. Tenemos que esperar dificultades, que sólo pueden dominarse mediante la perseverancia persistente y determinada.

En las parábolas, nuestro Señor representa las dificultades existentes por parte de aquellas personas a las cuales se les hace la petición. Se necesita la importunidad para vencer la renuencia de dichas personas a oír. Entre Dios y nosotros, sin embargo, la dificultad no está en el lado de él, sino en *el nuestro*. En la primera parábola, él dice que nuestro padre celestial está más dispuesto a dar buenas cosas a los que se las pidan, que un padre terrenal a darle pan a su hijo. En la segunda, él asegura que Dios anhela hacer justicia a sus escogidos pronto.

La oración urgente no se necesita por el hecho de que hay que hacer que Dios esté dispuesto o quiera bendecir. La necesidad está por completo en nosotros. Sin embargo, no fue posible hallar ninguna ilustración de un padre amante o de un amigo dispuesto, en los cuales pudiera basar su enseñanza de la necesaria lección de la importunidad. Por tanto, él usa al amigo indispuesto y al juez injusto para estimular en nosotros la fe de que la perseverancia puede vencer todo obstáculo.

La dificultad no está en el amor ni en el poder de Dios, sino en nosotros mismos y en nuestra propia incapacidad para recibir la bendición. Pero por el hecho de que hay esta dificultad en nosotros, esta falta de preparación espiritual, también hay la dificultad en Dios. El, en su sabiduría, su justicia, y aun en su amor, no se atrevería a darnos lo que nos perjudicaría si lo recibiéramos demasiado pronto y con demasiada facilidad.

El pecado, o la consecuencia del pecado, que hace imposible que Dios nos dé lo que pedimos de inmediato, es una barrera que está tanto por el lado de Dios como por el nuestro. El intento de quebrantar este poder del pecado en nosotros mismos o en aquellos por los cuales oramos, es lo que hace que el esfuerzo y el conflicto de la oración se conviertan en tal realidad.

A través de la historia, los hombres han orado con la conciencia de que en el mundo celestial hay dificultades que vencer. Le han pedido a Dios que quite los obstáculos desconocidos. En esa súplica perseverante, ellos llegaron a un estado de absoluto quebrantamiento e impotencia, de entera resignación a él. Luego fueron vencidos por completo los obstáculos que había en ellos mismos y en el cielo. *Cuando Dios los venció a ellos, ellos vencieron a Dios.* Cuando Dios prevalece sobre nosotros, nosotros prevalecemos con él.

Dios nos constituyó de tal modo que cuanto más claramente veamos lo razonable que es una petición, tanto más nos rendiremos de corazón a ella. Una causa grande de nuestra negligencia en la oración es que parece haber algo arbitrario, o por lo menos algo incomprensible, en el llamado a tal oración continua. Necesitamos comprender que esta aparente dificultad es una necesidad divina y que, por la misma naturaleza de las cosas, es una fuente de indecible bendición. Luego debemos estar dispuestos a entregarnos con alegría de corazón a la oración continua. Tratemos de entender que el llamamiento a la importunidad y la dificultad que ella nos presenta en el camino constituye uno de nuestros mayores privilegios.

¿Se ha dado cuenta alguna vez de la parte importante que juegan las dificultades en nuestra vida natural? Ellas producen el poder del hombre como ninguna otra cosa puede hacerlo. Pueden fortalecer y ennoblecer el carácter. Se nos dice que una de las razones de la superioridad de las naciones nórdicas (por ejemplo, Holanda y Escocia) en cuanto a la fuerza de voluntad y propósito, en relación con las naciones del soleado sur, como Italia y España, es que el clima de éstas últimas ha sido demasiado benigno; la vida que este clima estimula es demasiado fácil y descansado. Las dificultades con las cuales han tenido que luchar las naciones del norte han sido la causa de su mayor prosperidad.

Dios arregló la naturaleza de tal modo que al sembrar y cosechar, así como al buscar carbón u oro, nada se halla sin trabajo y esfuerzo. ¿Qué es la educación, sino un diario desarrollo y disciplina de la mente por medio de las nuevas dificultades que el alumno tiene que vencer? Tan pronto como una lección llega a ser fácil, el alumno pasa a una que es más elevada y más difícil. Tanto de manera colectiva como individual, los mayores logros se hallan cuando nos enfrentamos a las dificultades y las vencemos.

Así mismo ocurre en nuestra relación con Dios. Imaginemos cuál sería el resultado si el hijo de Dios sólo tuviera que arrodillarse, pedir, recibir, y marcharse. ¡Qué pérdida indecible para la vida espiritual sería el resultado! En la misma dificultad y en la demora, que exigen oración perseverante, se hallarán la verdadera bendición y la bienaventuranza de la vida celestial. Allí aprendemos cuán poco nos deleitamos en la comunión con Dios y cuál poca fe viviente tenemos en él. Descubrimos que nuestro corazón es aún muy terrenal y que no es espiritual, que tenemos muy poco del Espíritu de Dios. Es allí donde llegamos a reconocer nuestra propia debilidad y nuestra indignidad, y donde nos rendimos al Espíritu de Dios para que ore en nosotros. Allí tomamos nuestro lugar en Cristo Jesús y permanecemos en él como nuestra única defensa ante el Padre. Allí quedan crucificadas nuestra voluntad, nuestra fuerza y nuestra bondad. Allí resucitamos con Cristo a una nueva vida, pues ahora toda nuestra voluntad depende de Dios y está para su gloria. Comencemos a alabar a Dios por la necesidad y la dificultad de la oración importuna, como uno de sus medios de gracia preferidos.

Pensemos lo que nuestro Señor Jesús quedó a deber a las dificultades que se le presentaron en el sendero. En Getsemaní, aquello era como si el Padre no oyera. El oró entonces de manera aun más intensa hasta que "fue oído". En el camino que él abrió para nosotros, aprendió la obediencia por las cosas que sufrió y así fue hecho perfecto. El entregó su voluntad a Dios. Su fe en Dios fue probada y fortalecida. El príncipe de este mundo, con toda su tentación fue vencido. Este es el camino nuevo y vivo que él consagró para nosotros. En la oración perseverante andamos con su mismo Espíritu Santo y somos hechos participantes con él. La oración es una forma de crucifixión, y nuestra comunión con la cruz de Cristo, una forma de entregar la carne a la muerte.

Oh, cristianos, ¿no nos avergonzaremos de nuestra renuencia a sacrificar la carne, nuestra propia voluntad y el mundo, como claramente lo demostramos por nuestra renuencia a orar mucho? ¿No aprenderemos la lección que la naturaleza y Cristo nos enseñan por igual? La dificultad de la oración importuna es nuestro más alto privilegio. Las dificultades que hay que vencer en ella nos traen las más ricas bendiciones.

La importunidad tiene varios elementos. Los principales son la perseverancia, la determinación y la intensidad. La importunidad comienza cuando uno no acepta con facilidad que se le rechace la petición. Esta actitud de rechazo se desarrolla hasta convertirse en una determinación a perseverar, a no ahorrar tiempo ni esfuerzo hasta que llegue la respuesta. Luego, esta determinación se convierte en una intensidad en que todo el ser se entrega a Dios en ruego. La osadía hace acto de presencia para asirse de la fortaleza de Dios. En un momento, ésta es tranquila y apacible; en otro, apasionada y osada. En un punto, espera con paciencia, pero en otro, reclama de una vez lo que desea. En cualquier forma, la importunidad siempre habla en serio y sabe que *Dios oye la oración; tiene que ser oída.*

Recordemos los maravillosos ejemplos que tenemos de la importunidad en los santos del Antiguo Testamento. Pensemos en Abraham, cuando ruega por Sodoma. Vez tras vez renueva su oración, hasta que la sexta vez dice: "No se enoje ahora mi Señor". El no cesa hasta saber que Dios condesciende en cada ocasión con su petición, hasta saber cuán lejos puede ir, hasta dónde ha entrado en la mente de Dios, y hasta dónde ha reposado en la voluntad de él. Por ello fue que se salvó Lot. "Dios se acordó de Abraham, y envió fuera a Lot de en medio de la destrucción". Nosotros que tenemos la redención y que para los paganos tenemos promesas que Abraham nunca conoció, ¿no rogaremos más a Dios a favor de ellos?

Pensemos en Jacob cuando tuvo miedo de encontrarse con Esaú. El angel del Señor se encontró con él en la oscuridad y luchó con él. Cuando el ángel vio que no podía con Jacob, le dijo: "Déjame". Jacob le contestó: "No te dejaré". Así que el ángel lo bendijo allí. Esa osadía que declaró: "No te dejaré", que obligó al reacio ángel a bendecirlo, le agradó tanto a Dios que le dio un nuevo nombre a Jacob: Israel, que significa el que lucha con Dios, "porque has luchado con Dios y con los hombres, y has vencido".

A través de los siglos, los hijos de Dios han entendido que lo que enseñan las dos parábolas sobre Cristo es que Dios se retiene y trata de escapar de nosotros hasta que sea vencido aquello que es carne y egoísmo y pereza. Luego podemos prevalecer ante él hasta que *pueda* y *tenga que* bendecirnos.

¿Por qué hay tantísimos hijos de Dios que no desean este honor de ser príncipes de Dios, de luchar con él y prevalecer? Lo que nos enseñó nuestro Señor: "todo lo que pidiereis orando, *creed que lo recibiréis*" no es otra cosa que la expresión de las palabras de Jacob en otros términos: "No te dejaré, si no me bendices". Esta es la importunidad que él enseña. Tenemos que aprender a reclamar y a recibir la bendición.

Pensemos en Moisés cuando Israel hizo un becerro de oro. Moisés se volvió al Señor y le dijo: "Te ruego, pues este pueblo ha cometido un gran pecado, . . . que perdones ahora su pecado, y si no, ráeme ahora de tu libro que has escrito". Moisés prefería morir, y no que muriera el pueblo que se le había dado. Eso fue importunidad.

Cuando Dios lo hubo oído y le hubo dicho que enviaría su ángel con el pueblo, Moisés acudió a él de nuevo. El no se contentaría hasta que, en respuesta a su oración, el mismo Dios fuera con ellos. Dios le dijo: "También haré esto que has dicho". Después de eso, en respuesta a la oración de Moisés: "Te ruego que me muestres tu gloria" (Exodo 33:12, 17, 18). Dios hizo pasar todo su bien delante de él. Entonces Moisés una vez más comenzó a rogar: "vaya ahora el Señor en medio de nosotros". "Y él estuvo allí con Jehová cuarenta días y cuarenta noches" (Exodo 34:9, 28).

Como intercesor, Moisés usó la importunidad ante Dios, y prevaleció. El demuestra que el hombre que verdaderamente vive cerca de Dios, y con quien Dios habla cara a cara, participa del mismo poder de intercesión que hay en Jesús, quien está a la diestra de Dios y vive siempre para orar.

Pensemos en Elías. El oró primero para que descendiera fuego, y luego, para que descendiera lluvia. En la primera oración, su importunidad clama y recibe una respuesta inmediata. En la segunda, se postró en tierra, y puso su rostro entre sus rodillas. Luego le dijo a su criado que mirara hacia el mar. Y éste le trajo el mensaje: "No hay nada". Entonces Elías dijo a su siervo: "Vuelve siete veces". Ahí estaba la importunidad de la perseverancia. Elías le había dicho a Acab que habría lluvia. El sabía que la lluvia venía. Aún así, el oró siete veces.

Precisamente, basado en lo que le ocurrió a Elías en esta oración, Santiago enseña: "...orad unos por otros ... Elías era hombre sujeto a pasiones semejantes a las nuestras ... La oración eficaz del justo puede mucho". ¿No habrá algunos que se sientan constreñidos a exclamar: "¿Dónde está Jehová, el Dios de Elías?" ¿Dónde está este Dios que estimula una oración tan eficaz y la oye de manera tan maravillosa? Sea su nombre alabado. ¡El espera aún que se le haga esa pregunta! La fe en un Dios que oye la oración hará que el cristiano ame la oración.

Recordemos las características del verdadero intercesor tal como se enseñan en esta parábola: una comprensión de la necesidad de las almas, un amor como el de Cristo en el corazón, una conciencia de la incapacidad personal, fe en el poder de la oración, valor para perseverar a pesar de que sea denegada la petición, y la seguridad de una abundante recompensa. Estas son las cualidades que transforman a un cristiano en un intercesor y originan el poder de la oración que prevalece.

Estos son los elementos que caracterizan la vida cristiana y la llenan de belleza y salud. Hacen apto al hombre para ser una bendición en el mundo, y lo convierten en un verdadero obrero, que obtiene de Dios el pan del cielo para distribuirlo a los hambrientos. Estas son las actitudes que producen las virtudes más elevadas y heroicas de la vida de fe.

No hay nada a lo cual deba más la nobleza del carácter natural que al espíritu emprendedor y osado que *lucha* con las dificultades en el viaje o en la guerra, en la política o en la ciencia, *y vence.* Por amor a la victoria no se escatima ningún trabajo ni ningún gasto. Así nosotros como cristianos debemos ser capaces de enfrentarnos a las dificultades con las cuales nos encontramos en la oración. Cuando nosotros trabajamos y nos esforzamos en la oración, la voluntad renovada afirma su derecho real de pedir en el nombre de Cristo lo que quiera, y de usar el poder que Dios le ha dado para influir en el destino de los hombres.

Los hombres del mundo se sacrifican en buscar su comodidad y su placer. ¿Seremos nosotros tan cobardes y flojos que no lucharemos para abrirnos camino hacia el lugar donde podemos hallar libertad para los cautivos y salvación para los que perecen? Que cada siervo de Cristo aprenda a comprender su vocación. Su Rey vive siempre en nosotros para orar. El Espíritu del Rey vive siempre en nosotros para orar. Las bendiciones que el mundo necesita hay que hacerlas descender del cielo, mediante la oración de fe, perseverante e importuna. En respuesta a la oración, el Espíritu Santo desde el cielo tomará completa posesión de nosotros para hacer su obra a través de nosotros.

Reconozcamos que nuestro mucho quehacer ha sido en vano a causa de nuestra poca oración. Cambiemos nuestro método y oremos más, mucho más, incesantemente. Que ésa sea la prueba de que nosotros acudimos a Dios para todo, y de que creemos que él nos oye.

5

LA VIDA QUE PUEDE ORAR

"Si permanecéis en mí, y mis palabras permanecen en vosotros,
pedid todo lo que queréis, y os será hecho" (Juan 15:7).
"La oración eficaz del justo puede mucho" (Santiago 5:16).
"Amados, si nuestro corazón no nos reprende, confianza tenemos
en Dios; y cualquiera cosa que pidiéremos la recibiremos de él, *porque*
guardamos sus mandamientos, y hacemos las cosas que son agradables delante de él" (1 Juan 3:21, 22).

AQUI en la tierra, la influencia de uno que pide un favor para
otros depende completamente del carácter del que pide, y de la
relación que éste tenga con aquél ante el cual está interce-
diendo. *Lo que él es, es lo que da peso a lo que pide.* En lo que
se refiere a Dios, el asunto no es diferente. Nuestro poder para
orar depende de nuestra vida. Cuando nuestra vida está bien
con Dios, sabremos cómo orar de tal modo que agrademos a
Dios, y la oración logrará la respuesta.

Todos los textos citados en el encabezamiento de este capítulo indican lo mismo. "Si permanecéis en mí —dice el Señor—,
. . . pedid todo lo que queréis, y os será hecho". Según Santiago, la oración del *justo* es la que "puede mucho". Juan dice
que "cualquiera cosa que pidiéremos la recibiremos de él", *porque* obedecemos a Dios y lo agradamos.

Toda falta de poder para orar bien y con perseverancia, toda
carencia de poder en la oración delante de Dios, indica que
carecemos de algo en la vida cristiana. Sólo cuando aprendamos
a vivir de tal modo que agrademos a Dios, él nos dará lo que
pedimos.

Aprendamos de nuestro Señor Jesús en la parábola de la vid,
lo que es una vida vigorosa y saludable que puede pedir y recibir
lo que quiere. El dice: "Si permanecéis en mí, y mis palabras
permanecen en vosotros, pedid todo lo que queréis, y os será

hecho" (Juan 15:7). Termina esta alegoría diciendo: "No me elegisteis vosotros a mí, sino que yo os elegí a vosotros, y os he puesto para que vayáis y llevéis fruto, y vuestro fruto permanezca; para que *todo lo que pidiereis* al Padre en mi nombre, *él os lo dé"* (Juan 15:16).

Según esta alegoría, ¿cómo tiene que vivir uno para dar fruto y luego pedir y recibir lo que quiere? He aquí la respuesta: *La vida de la rama* es la que da poder para orar. Nosotros somos ramas de Cristo, la Vid viviente. Sencillamente, tenemos que vivir como ramas, y permanecer en Cristo. Entonces pediremos lo que queramos y nos será hecho.

Todos sabemos lo que es una rama, y cuál es su característica esencial. Simplemente es un desarrollo de la vid, producido por ella y destinado a llevar el fruto. Sólo tiene un propósito: Está allí por orden de la vid, para que por medio de ella, la vid lleve y madure su precioso fruto. Así como la vid vive sólo y totalmente para producir la savia que hace la uva, así la rama no tiene otra función ni otro objeto que recibir esa savia y producir la uva. Su única función es la de servir a la vid, para que por medio de ella, aquélla pueda hacer su obra.

¿Debe entenderse que el creyente, que es rama de Cristo, la Vid celestial, ha de vivir, en sentido literal y de manera exclusiva para que Cristo dé fruto por medio de él? ¿Quiere decir eso que el verdadero cristiano como rama ha de estar tan absorto y dedicado a la obra de llevar fruto para la gloria de Dios, como Cristo, la Vid, cuando estuvo en la tierra y ahora en el cielo? Esto, y nada menos, es lo que quiere decir. Precisamente a la oración de tal persona se le hacen las promesas ilimitadas de esta alegoría.

La vida de la rama, que sólo existe para la Vid, es la que tendrá el poder de orar como se debe. Cuando nuestra vida permanece en él, y sus palabras permanecen y dominan en nuestro corazón y en nuestra vida, y se convierten en nuestro mismo ser, habrá gracia para orar correctamente, y la fe para recibir lo que queremos.

Unamos estos dos conceptos y tomémoslos con su verdad sencilla y literal, y con su grandeza infinita y divina. Las promesas que hizo nuestro Señor en su discurso de despedida, y que repitió seis veces con expresiones ilimitadas: "todo lo que", "si algo", "todo cuanto" (Juan 14:13, 14; 15:7, 16; 16:23, 24), nos parecen absolutamente grandes para tomarlas en sentido literal. Por tanto, nosotros las explicamos racionalmente para que satisfagan nuestras ideas humanas sobre lo que nos parece que deben significar. Las separamos de aquella vida de absoluta e ilimitada devoción al servicio de Cristo para la cual se dieron.

El pacto de Dios se puede resumir siempre en estas palabras: *Da todo y recibe todo.* El que está dispuesto a ser completamente rama, y nada más que rama, que está lista a colocarse absolutamente a la disposición de Jesús, la Vid de Dios, para que Jesús lleve fruto por medio de él, y a vivir en todo momento sólo para él, recibirá una libertad divina para pedir *todo lo que* Cristo prometió en toda su plenitud, y una sabiduría y humildad divinas para usarlo de modo apropiado.

Tal persona vivirá y orará y reclamará las promesas del Padre, así como lo hizo Cristo, sólo para la gloria de Dios y la salvación de los hombres. Usará su osadía en oración sólo con la mira de obtener poder para la intercesión y lograr que los hombres reciban la bendición. La ilimitada devoción de la vida de la rama para llevar fruto, y el acceso a los tesoros de la vida de la Vid son inseparables. La vida que permanece completamente en Cristo es la que hace la oración eficaz en el nombre de Cristo.

Pensemos por un momento en los hombres de oración de la Biblia, y veamos en ellos cuál fue la vida que pudo orar con tal poder. Hablamos de Abraham como intecesor. ¿Qué fue lo que le dio tal osadía? El sabía que Dios lo había escogido y llamado a salir de su hogar y de su pueblo para que anduviera delante de él de tal modo que todas las naciones fueran bendecidas en él. Sabía que había obedecido y había abandonado todo por Dios. La obediencia implícita, hasta el punto de estar dispuesto a sacrificar su propio hijo, fue la ley de su vida. El hizo lo que Dios le pidió; por tanto, se atrevió a confiar que Dios haría lo que él pedía.

Hablamos de Moisés como intercesor. El también abandonó todo por Dios, "teniendo por mayores riquezas el vituperio de Cristo que los tesoros de los egipcios". Vivió a la disposición de Dios. " . . . fue fiel en toda la casa de Dios, como siervo". ¡Con cuánta frecuencia está escrito de él que hizo las cosas "como Jehová le había mandado a Moisés". No es raro que fuera muy osado. Su corazón estaba bien con Dios. El sabía que Dios lo oiría. Y esto no fue menos cierto en el caso de Elías, el hombre que se levantó a defender al Señor Dios de Israel. El hombre que está dispuesto a arriesgar todo por Dios puede contar con que Dios hará todo a favor de él. Los hombres oran sólo mientras viven. La vida es la que ora. La vida que con una devoción sincera se entrega toda a Dios y para él, también puede reclamar todo de Dios. Nuestro Dios anhela manifestarse como Dios fiel, y poderoso ayudador de su pueblo. El sólo espera que los corazones se aparten completamente del mundo y se tornen hacia él, y se abran para recibir sus dones. El hombre que pierde todo hallará todo, se atreverá a pedir y recibirá.

La rama que única y verdaderamente permanece en Cristo, la Vid celestial, está completamente entregada como Cristo a dar fruto, que es la salvación de los hombres. Tal rama ha tomado las palabras de Cristo, las cuales moran en su vida, y puede atreverse a pedir lo que quiera, y le será hecho.

Cuando nosotros no hemos llegado a esa plena devoción para la cual nuestro Señor había entrenado a sus discípulos, ni podemos igualarnos a ellos en el poder de la oración, podemos, sin embargo, permitir que un hecho nos anime. Aun en las etapas inferiores de la vida cristiana, todo nuevo paso que se dé hacia adelante en el esfuerzo que se hace en pos de la perfecta vida de rama, y toda entrega con el objeto de vivir para los demás en la intercesión, será recompensada desde arriba con una correspondiente libertad para acercarnos a Dios con mayor osadía y esperar mayores respuestas. Cuanto más oremos y cuanto más conscientes lleguemos a estar de nuestra incapacidad para orar con poder, tanto más seremos estimulados y ayudados a continuar adelante, hacia el secreto del poder en la oración: una vida de permanencia en Cristo, que esté enteramente a disposición de él.

Si algunos, desesperados por lograr algo, se preguntan cuál puede ser la razón del fracaso en esta bendita vida de la rama, tan sencilla y sin embargo tan poderosa, y se preguntan cómo pueden lograrla, permítanme señalarles una de las lecciones más preciosas de la alegoría de la Vid. Es una lección que se ha descuidado. Jesús dijo: "Yo soy la vid verdadera, *y mi Padre es el labrador*". No sólo tenemos al mismo Jesús, el glorificado Hijo de Dios, con su divina plenitud de vida y gracia de la cual podemos extraer, lo cual es maravilloso, sino que hay algo aun más bendito. Tenemos al Padre como Labrador que vigila nuestra permanencia en la Vid, nuestro crecimiento y nuestra fructificación. No se dejó a nuestra fe o a nuestra fidelidad el mantener nuestra unión con Cristo. Dios, el Padre de Cristo, quien está unido con él —el mismo Dios— se encargará de que la rama sea lo que debe ser. El nos capacitará para producir justamente el fruto que fuimos designados a rendir. Leamos lo que Cristo dice acerca de esto: "todo aquel que lleva fruto, lo limpiará, para que lleve más fruto". Lo que el Padre busca es más fruto; más fruto será lo que el mismo Padre proveerá. Por esa razón, él como Viñador, poda las ramas.

Consideremos lo que esto significa. Se dice que de todas las plantas de la tierra que llevan fruto no hay ninguna que produzca un fruto tan lleno de espíritu, y del cual puede destilarse abundante espíritu como la vid. Y de todas las plantas que dan fruto no hay ninguna que esté tan dispuesta a producir ramas de sobra y para la cual sea tan indispensable la poda como la vid. La gran obra que tiene que hacer el viñador todos los años a favor de la rama es la de podarla. Otras plantas pueden prescindir de la poda durante algún tiempo y aun así llevar fruto; la vid tiene que ser podada. Así que la rama que desea permanecer en Cristo y dar mucho fruto y poder pedir lo que quiera, tiene que hacer una cosa: entregarse con confianza a esta limpieza divina.

¿Qué es lo que corta el viñador con su cuchillo de poda? Corta la madera que la rama ha producido: madera verdadera, real, en la cual está la verdadera naturaleza de la vid.

¿Por qué tiene que ser cortada? Porque le extrae la fuerza y la vida a la vid, e impide el flujo de la savia hacia la uva. Cuanto más se corte de esta madera, cuanto menos madera haya en la rama, tanto más podrá la savia ir hacia la uva. La madera de la rama tiene que decrecer para que el fruto de la vid aumente. Por obediencia a la ley de toda la naturaleza, según la cual la muerte es el camino hacia la vida, según la cual la ganancia viene a través del sacrificio, el crecimiento rico y prolífico de la madera tiene que cortarse y echarse a un lado para que se vea la vida más abundante en el racimo.

De la misma manera, hijo de Dios, rama de la Vid celestial, en usted hay aquello que parece perfectamente inocente y legítimo, pero que le quita su interés y su fuerza. Eso tiene que ser cortado para que quede limpio. Vimos qué gran poder tuvieron en la oración hombres como Abraham, Moisés y Elías, y sabemos qué clase de fruto ellos dieron. Pero también sabemos lo que les costó. Dios tuvo que separarlos de sus ambientes vez tras vez para retirarlos de cualquier confianza que pudieran tener en ellos mismos, a fin de que buscaran su vida solamente en él.

Sólo cuando nuestra propia voluntad, nuestra fuerza, nuestro esfuerzo, nuestro placer, sean cortados —aunque parezcan perfectamente naturales y no pecaminosos—, todas las energías de nuestro ser quedan libres y abiertas para recibir la savia de la Vid celestial, el Espíritu Santo. Luego llevaremos mucho fruto. En la entrega de aquello a que la naturaleza se aferra, en la plena y dispuesta sumisión al cuchillo podador de Dios, llegaremos a aquello para lo cual Cristo nos escogió y nos designó: para dar fruto, para que todo lo que pidamos al Padre en el nombre de Cristo, él nos lo dé.

En el siguiente versículo, Cristo nos dice cuál es el cuchillo podador: "Ya vosotros *estáis limpios por la palabra* que os he hablado". El dice posteriormente: "Santifícalos en tu verdad; tu palabra es verdad". ". . . la palabra de Dios es . . . más cortante que toda espada de dos filos; . . . hasta partir el alma y el espíritu".

Cristo les había dicho a sus discípulos palabras escudriñadoras del corazón sobre el amor y la humildad, sobre la necesidad de que cada uno fuera como el menor, y, como él mismo, siervo de todos; sobre la necesidad de que cada uno se negara a sí mismo, tomara la cruz y perdiera la vida. Por medio de la palabra de él, el Padre los había limpiado a ellos, les había quitado toda confianza en ellos mismos o en el mundo, y los había preparado para que el Espíritu Santo de Dios que es la Vid celestial les penetrara y los llenara. Nosotros mismos no podemos limpiarnos. Dios es el Viñador. Podemos encomendarnos con confianza a su cuidado.

Queridos hermanos, pastores, misioneros, maestros, obreros del evangelio, creyentes antiguos y nuevos, ¿lamentan ustedes la falta de oración y la resultante falta de poder en su vida? Entonces acudan y oigan a su querido Señor cuando les dice: "Sólo sean ramas. Unanse e identifíquense con la Vid celestial, y entonces sus oraciones serán eficaces y podrán mucho.

¿Se lamenta porque ésa es precisamente su dificultad: que no tiene, *ni puede* tener esta vida de rama, que permanece en él? Escuche otra vez. No sólo usted desea "más fruto", sino el Padre también. El es el Labrador que limpia la rama fructífera para que lleve más fruto.

Colóquese en las manos de Dios a fin de que él haga lo que es imposible para el hombre. Confíe en que la limpieza divina le cortará y le quitará toda confianza en sí mismo, todo esfuerzo propio que haya sido la causa de su fracaso. El Dios que dio a su amado Hijo para que fuera su Vid, quien lo constituyó como su rama, ¿no hará su obra de limpieza para que sea fructífero en toda buena obra, y también en la obra de oración e intercesión?

Esta es la vida que puede orar. Una vida enteramente entregada a la Vid y a sus fines, que tiene toda la responsabilidad de su limpieza en manos del Viñador, una rama que permanece en Cristo, y confía en Dios y se entrega a él para ser limpiada, puede dar mucho fruto. Con el poder de tal vida, amaremos la oración, sabremos orar, oraremos y recibiremos lo que pidamos.

6

¿ES PECADO LA FALTA DE ORACION?

"Tú . . . menoscabas la oración delante de Dios" (Job 15:4).
"¿Y de qué nos aprovechará que oremos a él?" (Job 21:15).
"Así que, lejos sea de mí que peque yo contra Jehová cesando de rogar por vosotros" (1 Samuel 12:23).
". . . ni estaré más con vosotros, si no destruyereis el anatema de en medio de vosotros" (Josué 7:12).

CUALQUIER despertamiento profundo de la vida espiritual de la iglesia estará siempre acompañado por una convicción más profunda de pecado. Esto no comienza con la teología, la cual sólo describe lo que Dios hace en la vida de su pueblo. Tampoco significa que la convicción más profunda de pecado sólo se manifestará con expresiones más fuertes de reproche a uno mismo o de penitencia (lo cual algunas veces indica que se está albergando el pecado, y que hay incredulidad con respecto a que seremos librados de él).

La verdadera convicción de lo detestable del pecado y del odio hacia él se pondrá de manifiesto mediante la intensidad del deseo de ser uno librado de él, y mediante la lucha por saber hasta lo último que Dios puede hacer para salvarnos de él: un santo celo que no desea pecar contra Dios en nada.

Si hemos de hacer frente de manera eficaz a la falta de oración, tenemos que considerarla desde este punto de vista y preguntar: "¿Es pecado la falta de oración?" Si lo es, ¿cómo puedo tratarla? ¿Cómo puede el hombre descubrirla, confesarla, echarla, y ser limpiado por Dios de este pecado?

Jesús salva del pecado. Sólo cuando reconocemos verdaderamente el pecado, podemos conocer el poder que nos salva de él. La vida que puede orar eficazmente es la de la rama que ha sido limpiada: la vida que ha sido librada del poder del yo. El reconocer que nuestros pecados de oración son en realidad pecados es el primer paso para ser libertados de ellos de manera verdadera y divina.

La historia de Acán constituye una de las pruebas bíblicas más poderosas de que el pecado le roba al pueblo de Dios la bendición divina, y de que Dios no lo tolerará. Al mismo tiempo da la más clara indicación de los principios con los cuales Dios hace frente al pecado y lo quita. A la luz de este relato, veamos si podemos aprender la manera de mirar el pecado de la falta de oración y lo pecaminoso que hay en su raíz. Las palabras: "... ni estaré más con vosotros, si no destruyereis el anatema de en medio de vosotros", nos llevan al mismo corazón de la narración. Sugieren una serie de inapreciables lecciones que están alrededor de la verdad que expresan, es decir, que la presencia del pecado hace imposible la presencia de Dios.

1. *La presencia de Dios es el gran privilegio del pueblo de Dios y su único poder contra el enemigo.* Dios prometió a Moisés: "Os meteré en la tierra". Moisés demostró que entendió esto cuando, después que el pueblo cometió el pecado de hacer el becerro de oro, Dios le habló de retirar su presencia y enviar un ángel. Moisés se negó a aceptar cualquier cosa que no fuera la presencia de Dios. "¿Y en qué se conocerá aquí que he hallado gracia en tus ojos, yo y tu pueblo, sino en que tú andes con nosotros?".

Esto fue lo que dio a Caleb y a Josué su confianza: El Señor está con nosotros. Esto fue lo que dio a Israel su victoria sobre Jericó: la presencia de Dios. A través de toda la Escritura, ésta es la gran promesa central: *Yo estoy contigo.* Esto es lo que separa al creyente sincero de los incrédulos y de los cristianos mundanos que lo rodean: Vive conscientemente escondido en el secreto de la presencia de Dios.

2. *La derrota y el fracaso se deben siempre a la pérdida de la presencia de Dios.* Esto fue lo que ocurrió en Hai. Dios había introducido a su pueblo en Canaán, con la promesa de darles la tierra. Cuando sufrieron la derrota en Hai, Josué entendió inmediatamente que la causa tenía que haber sido que se había retirado el poder de Dios. Dios no había peleado por ellos. Su presencia se había retirado.

En la vida cristiana y en la obra de la iglesia, la derrota es siempre una señal de la pérdida de la presencia de Dios. Si aplicamos esto a nuestro fracaso en la vida de oración, que conduce al fracaso en la obra que realizamos para Dios, comprendemos entonces que todo se debe sencillamente al hecho de que no estamos en plena comunión con Dios. La cercanía de él, su inmediata presencia, no ha sido lo principal que hemos buscado ni en lo cual hemos confiado. El no pudo obrar en nosotros como quiso. La pérdida de la bendición y del poder es siempre causada por la pérdida de la presencia de Dios.

3. *La pérdida de la presencia de Dios se debe siempre a algún pecado escondido.* Así como el dolor es una advertencia de la naturaleza sobre algún mal que está escondido en el sistema, la derrota es la voz de Dios que nos dice que algo anda mal. El se ha entregado totalmente a su pueblo. El se deleita en estar con ellos y en revelar en ellos su amor y su poder. Por tanto, él nunca se retira, a menos que lo obliguemos a retirarse por causa del pecado.

En toda la iglesia de Cristo hay una queja de derrota. Ella tiene muy poco poder sobre las masas o sobre las clases cultas. Comparativamente, las conversiones poderosas son raras. La falta de cristianos espirituales, santos, consagrados, dedicados al servicio de Dios y de sus semejantes, se siente por todas partes. El poder de la iglesia para predicar el evangelio a los paganos está paralizado por la escasez de dinero y de hombres. Esto se debe a la falta de oración eficaz, que es la que trae al Espíritu Santo con poder, en primer lugar sobre los pastores y creyentes, y luego, sobre los misioneros y sobre los paganos. ¿Podemos negar que la falta de oración es el pecado que impide la presencia de Dios y la manifestación de su poder entre nosotros?

4. *El mismo Dios hará salir a la luz el pecado oculto.* Podemos pensar que nosotros sabemos lo que es el pecado, pero sólo Dios puede darnos a entender su significado real y profundo. Cuando él le habló a Josué, antes de nombrar el pecado de Acán, le dijo: ". . . aun han quebrantado mi pacto que yo les mandé". Dios había mandado que todo el botín de Jericó, el oro y la plata y todo lo que hubiera allí, debía ser consagrado al Señor, y debía ingresar en su tesoro. Israel había quebrantado su voto de consagración. No había dado a Dios lo que le correspondía. Había robado a Dios.

Esto es lo que nosotros necesitamos. Dios tiene que hacernos entender que nuestra falta de oración es una indicación de infidelidad a nuestro voto de consagración con el cual le dimos a Dios todo nuestro corazón y nuestra vida. Tenemos que comprender que la falta de oración, junto con todas las excusas que inventemos para explicarla, es un pecado mayor que lo que hemos imaginado; porque, ¿qué significa? Significa que nos gusta poco o que tiene poco sabor nuestra comunión con Dios. Eso indica que nuestra fe se afianza más en nuestra propia obra y en nuestros propios esfuerzos que en el poder de Dios. Eso demuestra que tenemos poca compresión de la bendición celestial que Dios espera derramar. Indica que no estamos dispuestos a sacrificar la comodidad y la confianza en la carne, para perseverar y esperar en Dios. Pone de manifiesto que la espiritualidad de nuestra vida y nuestra permanencia en Cristo son tan completamente débiles que no nos permiten prevalecer en la oración.

Cuando la presión de la obra de Cristo se convierte en la excusa para que no hallemos tiempo a fin de asegurar su presencia y su poder como nuestra principal necesidad, eso demuestra que no hay una correcta comprensión de la absoluta dependencia de Dios. Obviamente, no tenemos una comprensión profunda de la obra divina y sobrenatural de Dios, en la cual sólo somos sus instrumentos. No hay verdadera entrada en lo celestial, en el distintivo espiritual de nuestra misión y de nuestras metas, ni hay una completa entrega al mismo Jesucristo, ni deleite en él.

Si nosotros nos entregáramos al Espíritu Santo de Dios, para que nos muestre que todo esto pone de manifiesto nuestro descuido en la oración, y que permitimos que otras cosas se apiñen para sacarla a empellones, todas nuestras excusas se desvanecerían. Caeríamos a tierra y exclamaríamos: "¡Hemos pecado! ¡Hemos pecado!" Samuel dijo una vez: "Así que, lejos sea de mí que peque yo contra Jehová cesando de rogar por vosotros". Cesar de rogar es pecado contra Dios. Que Dios nos haga entender esto (vea el Apéndice 1).

5. *Cuando Dios nos hace ver el pecado, hay que confesarlo y echarlo fuera.* Cuando se produjo la derrota en Hai, Josué e Israel no sabían cuál había sido la causa. Dios trataba a Israel como una nación, como un cuerpo, y el pecado de un miembro era castigado en todos. Israel como un todo ignoraba el pecado,

pero aun así estaba sufriendo. La iglesia puede ignorar lo terrible que es este pecado de falta de oración. Los pastores y los creyentes individualmente tal vez nunca han considerado que la falta de oración es en sí una transgresión. Aun así, el castigo por este pecado es seguro y cierto.

Pero cuando el pecado ya no está escondido, cuando el Espíritu Santo comienza a convencer, entonces llega el tiempo para escudriñar el corazón. En nuestra historia, la combinación de la responsabilidad individual con la colectiva es muy solemne. En la expresión "por los varones" (Josué 7:17) se ve que cada hombre se sentía bajo la mirada de Dios para ser juzgado. Y cuando fue tomado Acán, tuvo que confesar. En el aspecto colectivo, vemos que todo Israel sufrió y que Dios le dio un trato severo; luego fue tomado Acán y su familia y el anatema, y todos fueron destruidos y sacados de en medio de ellos.

Si tenemos razón para pensar que la falta de oración es el pecado que hay en nuestro campamento, comencemos con confesión personal y unida. Luego, acudamos a Dios para que él quite y destruya el pecado. En el mismo umbral de la historia de Israel en Canaán hay una pila de piedras en el valle de Acor, que nos dicen que Dios no puede soportar el pecado, que él no morará con el pecado, y que *si realmente queremos la presencia y el poder de Dios, hay que quitar el pecado.*

Hagamos frente a este solemne hecho. Puede haber otros pecados, pero aquí ciertamente hay uno que hace que perdamos la presencia de Dios: el de no orar como nos lo enseñan Cristo y las Escrituras. Descubramos esto delante de Dios y abandonemos este pecado que nos lleva a la muerte. Entreguémonos a Dios para obedecer su voz. Que ningún temor de pasados fracasos, ninguna formación amenazante de tentaciones, o de deberes, o de excusas nos impidan hacer esto. Es un simple asunto de obediencia. ¿Nos vamos a entregar a Dios y a su Espíritu, para vivir en oración de una manera que le agrade a él?

Si es Dios quien ha estado negando su presencia, exponiendo el pecado, llamándonos para que lo destruyamos y volvamos a la obediencia, ciertamente podemos contar con su gracia para que nos acepte y nos fortalezca para la obra que nos pide. No es asunto de lo que usted puede hacer. Es asunto de que, ahora mismo, con todo su corazón, le dé a Dios lo que le corresponde, y permita que su voluntad y gracia se abran camino en su vida.

6. *Cuando se echa fuera el pecado, la presencia de Dios se restaura.* Desde ese día en adelante, no hay ni una palabra en el libro de Josué que se refiera a la derrota en la batalla. La historia presenta a los israelitas en marcha de victoria en victoria. La presencia de Dios da el poder para vencer a todos los enemigos.

Esta verdad es tan sencilla que la misma facilidad con que llegamos a estar de acuerdo con ella le quita su poder. Hagamos una pausa y pensemos en lo que implica. La restauración de la presencia del Señor significa victoria segura. Luego, si hay derrota, nosotros somos los responsables de ella. El pecado tiene que estarla causando de algún modo. Necesitamos descubrir de inmediato el pecado y quitarlo. En el momento en que saquemos el pecado podemos esperar con confianza la presencia de Dios. Ciertamente, cada persona está en la solemne obligación de escudriñar su propia vida para ver qué parte pueda tener ella en este mal.

Dios nunca le habla a su pueblo acerca del pecado que está cometiendo, excepto con el propósito de salvarlo del mismo. *La misma luz que pone de manifiesto el pecado iluminará el camino para salir de él.* El mismo poder que quebranta y condena, si nos entregamos a él y esperamos en él con confesión y fe, nos dará la fuerza para levantarnos y vencer.

Dios es quien le está hablando a la iglesia y nos habla a nosotros acerca de este pecado: ". . . y se maravilló que no hubiera quien se interpusiese" (intercesor). ". . . me maravillé que no hubiera quien sustentase". "Y busqué entre ellos hombre que . . . se pusiese en la brecha delante de mí, . . . y no lo hallé". El Dios que habla así es el que obrará en sus hijos el cambio, en los hijos que buscan su rostro. El hará que el valle de Acor —una aflicción y una vergüenza en que un pecado fue confesado y quitado— se convierta en la puerta de la esperanza.

No temamos. No nos agarremos a las excusas y a las explicaciones que nos sugieren las circunstancias. Simplemente confesemos: "Hemos pecado; estamos pecando; no nos atrevemos a seguir pecando más".

En este asunto de la oración, estamos seguros de que Dios no nos exige lo imposible. El no nos fatiga con algo irrealizable.

El no nos pide que oremos más allá de aquello para lo cual nos concede su gracia. El nos dará la gracia para hacer lo que nos pide, para pedir que nuestras intercesiones sean, día tras día, un placer para él y para nosotros, una fuente de fortaleza para nuestra conciencia y nuestra obra y un canal de bendición para los individuos entre los cuales trabajamos.

Dios trató personalmente con Josué, con Israel, con Acán. Cada uno de nosotros debe permitir que él nos trate personalmente con respecto a nuestro pecado de falta de oración y sus consecuencias en nuestra vida y en nuestro trabajo; con respecto a ser librados del pecado, a su certidumbre y a su bendición.

Inclínese con quietud y espere delante de Dios hasta que, como Dios, él lo cubra con su presencia. Espere hasta que él lo saque de la región del argumento con respecto a las posibilidades humanas, donde la convicción de pecado no puede ser nunca profunda y donde no se puede lograr plena libertad. Quédese tranquilo delante de Dios durante un rato de quietud en que él pueda tratar severamente este asunto que tenemos a mano. "Espérate, porque aquel . . . no descansará hasta que concluya el asunto hoy". Entréguese usted en las manos de Dios.

¿QUIEN ME LIBRARA?

"¿No hay bálsamo en Galaad? ¿No hay allí médico? ¿Por qué, pues, no hubo medicina para la hija de mi pueblo?" (Jeremías 8:22).

"Convertíos, hijos rebeldes, y sanaré vuestras rebeliones. He aquí nosotros venimos a ti, porque tú eres Jehová nuestro Dios" (Jeremías 3:22).

"Sáname, oh Jehová, y seré sano" (Jeremías 17:14).

"¡Miserable de mí! ¿quién me librará de este cuerpo de muerte? Gracias doy a Dios, por Jesucristo Señor nuestro . . . Porque la ley del Espíritu de vida en Cristo Jesús me ha librado de la ley del pecado y de la muerte" (Romanos 7:24, 25; 8:2).

DURANTE una de nuestras convenciones, un caballero me llamó para pedirme consejo y ayuda. Evidentemente era un cristiano sincero y bien instruido. Durante algunos años, él había estado en un ambiente sumamente difícil, tratando de testificar de Cristo. El resultado fue que se sentía fracasado e infeliz. Se quejaba de que no sentía deseo de leer la Palabra de Dios, ni gozo en ella, y que aunque él oraba sentía como si su corazón no estuviera puesto en ella. Si él hablaba con algunos o les daba folletos, lo hacía por cumplir con su deber. El amor y el gozo no estaban presentes al hacer eso. El deseaba ser lleno del Espíritu de Dios, pero cuanto más lo buscaba, tanto más lejos parecía estar. ¿Qué debía pensar él con respecto a su condición? ¿Habría alguna vía de escape? Le respondí que todo el asunto me parecía muy sencillo. El estaba viviendo bajo la ley, y no bajo la gracia. Mientras él hiciera eso, no podría haber cambio. El me oía atentamente, pero no podía entender lo que yo quería decirle.

Le señalé el completo contraste que hay entre la ley y la gracia. La ley demanda. La gracia otorga. La ley manda, pero no da la fuerza para obedecer. La gracia promete y realiza, hace todo lo que necesitamos hacer. La ley carga, abate y condena. La gracia consuela, fortalece y da alegría. La ley apela a nuestro ego para que hagamos lo sumo. La gracia señala hacia Cristo para que él haga todo. La ley exige esfuerzo y fatiga, y nos insta a que sigamos hacia una meta que nunca podremos alcanzar. La gracia obra en nosotros toda la bendita voluntad de Dios. Le expliqué al hombre que, en vez de esforzarse contra todo su fracaso, primero debía reconocerlo plenamente, y luego hacer frente a la realidad de su propia incapacidad cuando Dios había estado tratando de enseñarlo. Es con esta confesión de fracaso y de incapacidad, que él debía de postrarse delante de Dios. Allí aprendería que, a menos que la gracia lo libertara y le diera fortaleza, él nunca podría hacer nada mejor que lo que había hecho. Pero que la gracia en verdad haría todo lo necesario a favor de él. Él tenía que salirse de debajo de la ley y de sí mismo, y de su esfuerzo; y tomar su lugar bajo la gracia, y permitir que Dios hiciera todo.

Posteriormente, él me dijo que el diagnóstico había sido correcto. Admitió que la gracia tenía que hacer todo. Pero aun así, era tan profunda la idea que tenía de que *tenemos que hacer algo*, de que por lo menos por medio de nuestra fidelidad tenemos que ayudarnos para recibir la obra de la gracia, que en realidad él temía que su vida no sería muy diferente. Él temía que no sería suficiente para hacer frente a la fatiga de las nuevas dificultades en que ahora estaba entrando. En medio de toda esta intensa gravedad, yo sentí que reinaba en el fondo un matiz de desesperación; él estaba seguro de que no podría vivir como sabía que debía vivir.

Yo ya había notado esta frecuente tendencia latente hacia la desesperación. Todo pastor que se ha puesto en íntimo contacto con almas que están tratando de vivir completamente para Dios, de andar "como es digno del Señor, agradándole en todo", sabe que esto hace que el verdadero progreso sea imposible. Cuando hablamos de la falta de oración, y del deseo de una vida de oración más plena, ¡con cuántas dificultades nos enfrentamos! Con frecuencia hemos resuelto orar más y mejor, y hemos fracasado.

No tenemos la fuerza de voluntad que algunos tienen, de tal modo que con una resolución demos la vuelta y cambiemos nuestros hábitos. La presión de nuestra responsabilidad diaria es tan grande que se hace difícil separar tiempo para orar más. No sentimos en la oración un gozo real que nos capacite para perseverar. No poseemos el poder para rogarle a Dios en la intercesión como sabemos que debiéramos hacerlo. Nuestras oraciones, en vez de ser un gozo y una fortaleza, son una fuente continua de duda y de condenación para nosotros mismos. A veces hemos lamentado y confesado nuestra falta de oración, y hemos resuelto hacer mejor; pero no esperamos la respuesta, pues no vemos cómo pudiera ocurrir un gran cambio. Mientras prevalezca este espíritu, puede haber muy poca esperanza de mejorar. El desánimo trae la derrota. Uno de los principales objetos de un médico es el de despertar la esperanza; sin esto, él sabe que con frecuencia sus medicinas harán poco provecho. Ninguna enseñanza de la Palabra de Dios con respecto al deber, a la urgente necesidad, al bendito privilegio de orar más y de una manera eficaz, tendrá valor, mientras haya el secreto susurro: No hay esperanza.

Nuestro primer propósito en este caso es el de hallar la causa secreta del fracaso y de la desesperación, y luego dar la seguridad divina de la liberación. A menos que estemos contentos con nuestra condición, tenemos que poner atención a la siguiente pregunta y unirnos a los que se la hacen: "¿No hay bálsamo en Galaad? ¿No hay allí médico? ¿Por qué, pues, no hubo medicina para la hija de mi pueblo?" Tenemos que escuchar y recibir en nuestro corazón la divina promesa: "Convertíos, hijos rebeldes, y sanaré vuestras rebeliones. He aquí nosotros venimos a ti, porque tú eres Jehová nuestro Dios".

Tenemos que acudir a él con la oración personal, y con la fe de que habrá respuesta personal. Incluso ahora mismo tenemos que comenzar a clamar con respecto a la falta de oración, y creer que Dios nos ayudará. "Sáname, oh Jehová, y seré sano".

Siempre es importante distinguir entre los síntomas de una enfermedad y la enfermedad misma. La fragilidad y el fracaso en la oración constituyen una señal de la fragilidad en la vida espiritual. Si un paciente le pidiera a un médico que le prescribiera algo que le estimulara el pulso débil, el médico le diría que esto no le haría ningún bien. El pulso es un índice del estado del corazón y de todo el sistema. El médico se esfuerza en restaurar la salud.

Todo el que quiere orar de manera más fiel y eficaz, tiene que aprender que toda su vida espiritual está enferma, y que necesita restauración. Cuando él no sólo piensa de sus deficiencias en la oración, sino de la falla que hay en su vida de fe, de la cual aquéllas son un síntoma, es cuando llega a estar plenamente consciente de la naturaleza seria de su enfermedad. Entonces verá la necesidad de un cambio radical en toda su vida y caminar, en su vida de fe —que sencillamente es el pulso del sistema espiritual— el cual pone en evidencia la salud y el vigor. Dios nos creó de tal modo que el ejercicio de toda función saludable nos traiga gozo. La oración tiene el propósito de ser tan sencilla y natural como la respiración o el trabajo para un hombre saludable. La renuencia que sentimos, y el fracaso que confesamos, constituyen la propia voz de Dios que nos llama a que reconozcamos nuestra enfermedad, y acudamos a él en busca de la sanidad que él prometió.

¿De qué enfermedad es síntoma la falta de oración? No podemos hallar mejor respuesta que la que se indica en las siguientes palabras: "No estáis bajo la ley, sino bajo la gracia".

Aquí hemos sugerido la posibilidad de dos tipos de vida cristiana. Puede haber una vida parcialmente bajo la ley y parcialmente bajo la gracia; o una vida que esté enteramente bajo la gracia, que disfrute de la plena libertad del esfuerzo propio y de la cabal experiencia de la fortaleza divina que eso puede dar. Un verdadero creyente en Cristo puede aún estar viviendo parcialmente bajo la ley, con el esfuerzo propio, esforzándose para hacer lo que no puede lograr. Este continuo fracaso en su vida cristiana, que él admite, se debe a una sola cosa: *El confía en sí mismo y trata de hacer lo mejor.* En verdad él ora y acude a Dios en busca de ayuda, pero aun así, lo hace por su propia fuerza, ayudado por Dios, quien es el que ha de hacer la obra.

En las epístolas que Pablo escribió a los creyentes romanos, corintios y gálatas, les dice que ellos no han recibido el espíritu de esclavitud otra vez, sino que son libres de la ley; que ahora ya no son siervos, sino hijos. Les advierte que tengan el cuidado de no volver a estar presos en el yugo de servidumbre. Continuamente les presenta el contraste entre la ley y la gracia; entre la carne, que está bajo la ley, y el Espíritu, que es el Don de la gracia, y por medio del cual la gracia hace toda su obra.

En nuestros días, tal como en aquellas primeras épocas, el gran peligro está en vivir bajo la ley, y servir a Dios con la fortaleza de la carne. En el caso de la gran mayoría de los cristianos, parece que éste es el estado en que permanecen toda su vida. Esto explica la tremenda falta de verdadera vida santa y de poder en la oración. Ellos no saben que todo fracaso no puede tener sino una causa: *Los hombres tratan de hacer por sus propias fuerzas lo que sólo la gracia puede hacer en ellos*, lo que la gracia muy ciertamente hará.

Muchos no estarán preparados para admitir que éste es su enfermedad, que ellos no están viviendo "bajo la gracia". Imposible, dicen. "Desde lo profundo de mi corazón", exclama un cristiano, "creo y sé que en mí no está el bien, y que todo lo debo sólo a la gracia". "He pasado mi vida, dice un pastor, y he hallado mi gloria en predicar y exaltar las doctrinas de la gracia". "Y yo", responde un misionero, "¿cómo pudiera alguna vez haber pensado en ver salvos a los paganos, si mi confianza no hubiera estado sólo en el mensaje que yo predicaba, y en el poder en que confiaba, y en la gracia abundante de Dios?" Ciertamente usted no puede decir que nuestros fracasos en la oración, aunque tristemente tenemos que confesarlos, se deben a que no vivimos "bajo la gracia". Esta no puede ser nuestra enfermedad.

Sabemos que con mucha frecuencia, el hombre puede estar sufriendo de alguna enfermedad sin darse cuenta de ello. Lo que él piensa que es un ligero malestar se convierte en un problema peligroso. No esté usted muy convencido de que no estamos aún en gran medida "bajo la ley", aunque consideramos que estamos viviendo completamente "bajo la gracia".

Con mucha frecuencia, la razón de este error está en el significado limitado que le damos a la palabra "gracia". Como limitamos a Dios mismo mediante nuestros pensamientos pequeños o incrédulos acerca de él, así limitamos su gracia en el mismo momento en que nos deleitamos con términos como "las riquezas de su gracia", "sobreabundó la gracia". ¿Desde el libro de Bunyan para acá, no se han confinado las palabras "gracia abundante" a aquella verdad bendita de la justificación gratuita con el perdón siempre renovado y la eterna gloria para los pecadores más viles, mientras no conocemos completamente la otra bendita realidad de la "gracia abundante" en la santificación?

Pablo escribe: ". . . mucho más reinarán en vida por uno solo, Jesucristo, los que reciben la abundancia de la gracia y del don de la justicia". Esto de reinar en vida, como uno que vence el pecado, es para la vida aquí en la tierra. ". . . mas cuando el pecado abundó, en el corazón y en la vida, sobreabundó la gracia . . . así también la gracia reine por la justicia" en toda la vida y el ser del creyente. Pablo se refiere a este reino de la gracia en el alma cuando pregunta: "¿Perseveraremos en el pecado para que la gracia abunde? En ninguna manera". La gracia no es sólo el perdón del pecado, sino el *poder sobre* él. La gracia toma el lugar que el pecado tenía en la vida. Así como el pecado había reinado con el poder de la muerte, la gracia se propone reinar con el poder de la vida de Cristo. A esta gracia se refirió Cristo cuando dijo: "Bástate mi gracia". A esto, Pablo respondió: "Por tanto, de buena gana me gloriaré más bien en mis debilidades, para que repose sobre mí el poder de Cristo . . . porque cuando soy débil, entonces soy fuerte". Cuando estamos dispuestos a confesar nuestra absoluta incapacidad e impotencia, su gracia viene a obrar todo en nosotros, tal como Pablo lo enseña en otra parte: "Y poderoso es Dios para hacer que abunde en vosotros *toda gracia*, a fin de que, *teniendo siempre en todas las cosas todo lo suficiente*, abundéis para *toda buena obra*".

A menudo, encontramos a una persona que busca a Dios y su salvación, ésta ha leído mucho la Biblia, y sin embargo, nunca ha visto la verdad de una justificación por la fe libre, plena e inmediata. Tan pronto como sus ojos se abrieron, y la aceptó, se sorprendió de hallarla por todas partes. Incluso muchos creyentes, que sostienen la doctrina de la gracia gratuita en cuanto ésta se aplica al perdón, nunca han comprendido su maravilloso significado. La gracia se propone producir toda nuestra vida en nosotros, y *darnos realmente fuerza a cada momento* para lo que el Padre quiera que nosotros seamos y hagamos. Cuando la luz de Dios brilla en nuestro corazón con su bendita verdad, es cuando entendemos las palabras de Pablo: ". . . no yo, sino la gracia de Dios conmigo". Aquí tenemos otra vez la doble vida cristiana. La una en la cual ese "no yo", no soy nada no puedo hacer nada, no se ha convertido aún en realidad. La otra, cuando el maravilloso cambio se ha producido y la gracia ha tomado el lugar del esfuerzo. Es entonces cuando decimos y sabemos: ". . . ya no vivo yo, mas vive Cristo en mí". Eso puede llegar a ser entonces una experiencia de toda la vida. "Pero la gracia de nuestro Señor fue más abundante con la fe y el amor que es en Cristo Jesús".

¿Piensa que es posible que ésta haya sido la falla en su vida, la causa de su fracaso en la oración? Usted no sabía que la gracia lo capacitaría para orar tan pronto como toda la vida estuviera bajo su poder. Mediante el esfuerzo sincero, trató de dominar su renuencia o su condición de muerte con respecto a la oración, pero fracasó. Por vergüenza o por amor, trató de dominar ese fracaso, pero éstos no le ayudaron. ¿No vale la pena que le pregunte al Señor si el mensaje que yo le estoy presentando no pudiera ser más cierto que lo que piensa?

Su falta de oración se debe a una enfermedad en su vida. La enfermedad no es otra, sino el hecho de que no ha aceptado, para la vida diaria y para todo deber, la salvación plena que se expresa con las siguientes palabras: ". . . pues no estáis bajo la ley, sino bajo la gracia". Tan universal y de amplio alcance como es la demanda de la ley y del reino del pecado es la provisión de la gracia y el poder por medio del cual nos hace reinar en vida (vea el Apéndice 2).

Pablo escribió: "no estáis bajo la ley, sino bajo la gracia"; y en el capítulo que sigue, nos ofrece un cuadro de la vida del creyente bajo la ley (Romanos 7). Esta vida termina con una amarga experiencia: "¡Miserable de mí! ¿quién me librará de este cuerpo de muerte?" Su respuesta: "Gracias doy a Dios, por Jesucristo Señor nuestro", indica que hay liberación de una vida que había estado cautiva de los malos hábitos contra los cuales había luchado en vano.

La liberación la realiza el Espíritu Santo al conceder la experiencia plena de lo que puede en nosotros hacer la vida de Cristo. "Porque la ley del Espíritu de vida en Cristo Jesús me ha librado de la ley del pecado y de la muerte". La ley de Dios sólo podía entregarnos al poder de la ley del pecado y de la muerte. La gracia de Dios puede llevarnos a la libertad del Espíritu y mantenernos en ella. Podemos ser libres de la triste vida en que estábamos bajo el poder que nos llevaba cautivos, de tal modo que no hacíamos lo que queríamos. El Espíritu de vida en Cristo puede librarnos de nuestro continuo fracaso en la oración, y con esto capacitarnos también para andar como es digno del Señor, agradándole en todo.

No se desespere, ni pierda la esperanza, pues hay remedio.

Hay un médico. Hay sanidad para nuestra enfermedad. Lo que para los hombres es imposible, para Dios es posible. Aquello que no ve que sea posible hacerlo, la gracia lo hará. Confiese la enfermedad. Confíe en el Médico. Reclame la sanidad. Haga la oración de fe. "Sáname, oh Jehová, y seré sano". Usted puede llegar a ser un hombre de oración, y hacer la oración eficaz que puede mucho.*

---

*Debo decir, para estímulo de todos, que el caballero de quien hablé en este capítulo, comprendió y reclamó el descanso de la fe al confiar en Dios para todo, en una convención que se realizó dos semanas después. En una carta que me envió desde Inglaterra me dice que descubrió que la gracia del Señor es suficiente.

8

¿QUIERES SER SANO?

"Jesús . . . le dijo: ¿Quieres ser sano? Señor, le respondió el enfermo, no tengo quien me meta en el estanque . . . Levántate, . . . y anda. Y al instante aquel hombre fue sanado . . . y anduvo" (Juan 5:6–9).

"Pedro dijo: . . . en el nombre de Jesucristo de Nazaret, levántate y anda . . . la fe que es por él ha dado a éste esta completa sanidad en presencia de todos vosotros" (Hechos 3:6, 16).

". . . le dijo Pedro: Eneas, Jesucristo te sana; levántate . . . Y en seguida se levantó" (Hechos 9:34).

LA DEBILIDAD en la oración es un síntoma de enfermedad.

En la vida cristiana, así como en la vida natural, la incapacidad para andar es una terrible prueba de algún mal que hay en el sistema y que necesita un médico. Esta falta de poder para andar con gozo en el camino nuevo y vivo que conduce al Padre y al trono de la gracia, es lamentable. Cristo es el gran Médico, que viene a todo estanque de Betesda, donde se reúne la gente enferma, y les hace la amorosa y escudriñadora pregunta: "¿Quieres ser sano?"

A todos los que están aferrados a su esperanza en el estanque, o están buscando que alguna persona los meta allí, a todos los que tienen la esperanza de recibir ayuda de algún modo con el paso del tiempo, y sencillamente mediante el uso continuo de los medios ordinarios de gracia, la pregunta del Señor les señala un camino mejor. El les ofrece sanidad por medio de un poder que ellos nunca han entendido. A todos los que están dispuestos a confesar, no sólo su propia incapacidad, sino también su fracaso en cuanto a hallar a algún hombre que los ayude, su pregunta trae la segura y cierta esperanza de una próxima liberación.

Ya hemos visto que nuestra debilidad en la oración es parte

de una vida afligida por la impotencia espiritual. El Señor nos ofrece restaurarnos la fuerza espiritual, hacernos aptos para andar como hombres saludables y fuertes en todos los caminos del Señor, para que de ese modo estemos bien equipados a fin de que tomemos nuestro lugar en la gran obra de intercesión. Cuando nosotros comprendamos cuál es la sanidad que él ofrece, cómo la da, y qué es lo que él nos pide, estaremos preparados para dar una respuesta voluntaria a su pregunta.

La salud que ofrece Jesús

La salud espiritual tiene muchas características. Nuestro texto nos conduce a una: *andar*. Jesús le dijo al hombre enfermo: "Levántate, . . . y anda". El restauró al hombre, para que ocupara el lugar que le correspondía entre los hombres con plena salud y vigor, con la capacidad de tomar parte en toda la actividad de la vida. Este es un cuadro que sugiere maravillosamente la restauración de la salud espiritual. Para el que está sano, andar es un placer; para el enfermo, es una carga, o tal vez una imposibilidad. ¡Cuántos cristianos hay para los cuales el movimiento y el progreso en el camino de Dios es en verdad un esfuerzo y una fatiga, como es el movimiento físico para los lisiados, los cojos y los inválidos! Cristo viene a decirnos: "Levántate, . . . y anda". Y con su palabra nos da el poder.

Este andar para lo cual Jesús nos restaura y nos da poder, es una vida como la de Enoc y la de Noé, quienes "anduvieron con Dios". Es una vida como la de Abraham, a quien Dios dijo: "Anda delante de mí". Abraham mismo dijo: "Jehová, en cuya presencia he andado". Es una vida de la cual David canta: "Bienaventurado el pueblo que sabe aclamarte; andará, oh Jehová, a la luz de tu rostro". Y de esa vida profetiza el profeta Isaías: ". . . los que esperan a Jehová tendrán nuevas fuerzas; . . . caminarán, y no se fatigarán".

Dios el Creador no se fatiga ni se cansa, y los que andan con él y esperan en él, nunca se sentirán agotados ni débiles. Es una vida como la de los últimos santos del Antiguo Testamento, Zacarías y Elisabet, de quienes se dijo: "Ambos eran justos delante de Dios, y andaban irreprensibles en todas los mandamientos y ordenanzas del Señor". Jesús vino a hacer posible esta andanza para su pueblo con mayor poder que nunca antes.

El Nuevo Testamento la describe: ". . . a fin de que como Cristo resucitó de los muertos por la gloria del Padre, así también nosotros andemos en vida nueva". El Cristo resucitado es quien nos dice: "Levántate, . . . y anda". El nos da el poder de la vida resucitada. Esta es una *andanza en Cristo*. ". . . de la manera que habéis recibido al Señor Jesucristo, andad en él". Es *una andanza como Cristo*. "El que dice que permanece en él, debe andar como él anduvo". Es un *andar en el Espíritu y es en pos del Espíritu*. "Andad en el Espíritu, y no satisfagáis los deseos de la carne". "Los que no andan conforme a la carne, sino conforme al Espíritu". Es un *andar digno de Dios y agradable a él*. ". . . para que andéis como es digno del Señor, agradándole en todo, llevando fruto en toda buena obra". ". . . os rogamos y exhortamos en el Señor Jesús, que de la manera que aprendisteis de nosotros cómo os conviene conduciros y agradar a Dios, así abundéis más y más". Es un *andar en amor*. "Y andad en amor, como también Cristo nos amó". Es un *andar* "*en la luz, como él está en luz*". Es un *andar de fe*, cuyo poder total viene de Dios y de Cristo y del Espíritu Santo, al alma que se ha apartado del mundo. "Porque por fe andamos, no por vista".

¡Cuántos creyentes hay que consideran tal andar imposible, tan imposible que no piensan que es pecado andar de otro modo. Por tanto no desean este andar en vida nueva! Han llegado a estar tan acostumbrados a la vida de impotencia que la vida de andar con la fortaleza de Dios los atrae poco.

Pero hay algunos para quienes no son ciertas las verdades que acabo de expresar. Se preguntan si estas palabras realmente significan lo que dicen, si la maravillosa vida de que hablan esos versículos es simplemente un ideal inalcanzable, o si tal ideal tiene el propósito de que se logre en esta vida presente. Cuanto más estudian estas admoniciones, tanto más se convencen de que fueron dadas para la vida diaria. Pero aún les parecen demasiado idealistas. ¡Qué maravilloso sería si creyeran que este andar es posible, si creyeran que Dios en verdad envió a su poderoso Hijo y a su Espíritu Santo a llamarnos y prepararnos para vivir en esta tierra con poder celestial que sobrepasa a cualquier cosa que el hombre pudiera atreverse a imaginar o a esperar!

Cómo Jesús nos sana

Cuando un médico cura a un paciente, actúa sobre él desde afuera, y trata de hacer que el paciente esté independiente de la ayuda de su médico. El médico le restaura la perfecta salud y luego lo deja. La obra de nuestro Señor Jesús en estos dos aspectos es completamente opuesta. Jesús obra, no desde afuera, sino desde *adentro*. El entra con el poder del Espíritu Santo en nuestra misma vida.

El propósito de Cristo al sanar es exactamente el opuesto a la sanidad física, que busca, si es posible, que el paciente permanezca independiente del médico. La condición de Cristo para el éxito consiste en traernos a *una dependencia tal de sí mismo que no podamos vivir sin él ni siquiera un solo momento*.

El mismo Jesucristo es nuestra vida en un sentido que muchos cristianos no pueden concebir. La vida cristiana débil y enferma que prevalece se debe por entero al hecho de que no nos apropiamos de la verdad divina. Mientras esperemos que Cristo haga algo continuamente a favor de nosotros desde el cielo, mediante actos aislados de gracia de vez en cuando, y cada vez confiemos que él nos dará sólo aquello que durará un poco, no se nos puede restaurar la perfecta salud. Pero tan pronto como comprendamos que no debe haber nada de nosotros mismos ni por un solo momento, que Cristo ha de ser todo momento tras momento, y así aprendemos a aceptarlo de él y a confiar en él, entonces la vida de Cristo llega a ser la salud de nuestras almas.

La salud no es sino la vida en su actividad normal y sin perturbaciones. Cristo nos da la salud al darnos su vida misma para que sea nuestra; de manera que él llega a ser nuestra fortaleza para andar. Así, las palabras de Isaías hallan su cumplimiento en el Nuevo Testamento: "los que esperan a Jehová . . . caminarán y no se fatigarán", por el hecho de que ahora Cristo es la fuerza de su vida.

Es extraño que los creyentes piensan algunas veces que esta vida de dependencia es un esfuerzo demasiado grande; deploran el hecho de que pierden la libertad personal. Ellos admiten la necesidad de dependencia, de mucha dependencia, pero quieren que quede lugar para ejercer su propia voluntad y energía. Ellos no ven que aun una dependencia parcial los hace deudores, y no les deja nada de lo cual gloriarse. Olvidan que su relación con Dios y su cooperación con él no consisten en que él hace la mayor parte y ellos la menor, sino en que Dios hace todo y ellos hacen todo: Dios hace todo en mí, y yo hago todo por medio de Dios.

Esta dependencia de Dios nos asegura una verdadera independencia. Cuando nuestra voluntad no busca sino la voluntad divina, llegamos a una nobleza divina, la verdadera independencia de todo lo creado. El cristiano que no ha comprendido esto tiene que permanecer enfermo, pues hace que su yo haga una parte y Cristo la otra. El que acepta la vida de incesante dependencia de Cristo como su vida, su salud y su fuerza, recibe la sanidad.

Como Dios, Cristo puede entrar y llegar a ser la vida de su criatura. Como el Cristo glorificado que recibió el Espíritu Santo, a fin de otorgarlo, él puede renovar el corazón de la criatura pecadora. Puede convertirlo en su hogar y, mediante su presencia, mantenerlo con plena salud y fortaleza.

Los que desean andar de una manera que agrade a Dios, y que su corazón no los condena por causa de su vida de oración, oigan las palabras de Cristo: "¿Quieres ser sano?" El puede dar salud al alma. El da una vida que puede orar, que es agradable al Padre. Si la quiere, acuda y oiga cómo puede recibirla.

Lo que Cristo nos pide

El versículo con el cual comenzamos este capítulo nos invita a hacer tres cosas específicas. La pregunta de Cristo apela primero a la voluntad y le pide su *consentimiento*. Luego oye la *confesión* que el hombre hace de su absoluta incapacidad. Luego viene la *respuesta* al mandamiento de Cristo, la inmediata obediencia que hace que el hombre se levante y ande.

Primero está la pregunta: "¿Quieres ser sano?" ¿Quién no estaría dispuesto a que le sea quitada su enfermedad? Pero es triste ver que hay necesidad de repetir la pregunta. Algunos no admitirían que realmente están enfermos. Algunos no creerían que Cristo puede sanar a un hombre. Algunos pueden creer que otros están enfermos, pero ellos ciertamente no lo están.

En la raíz de todo está el temor a la negación de sí mismos y al sacrificio que se les exigirá. Las personas no están dispuestas a abandonar por completo su andar según la corriente de este mundo, a abandonar toda su obstinación, su confianza en ellas mismas y su complacencia. El camino del andar en Cristo y como Cristo es demasiado estrecho y duro. No lo quieren. No quieren ser sanos. Si quiere ser sano, confiese claramente: "Señor, a cualquier precio, quiero". Por parte de Cristo, el acto es también de la voluntad: "Quiero, sé sano". Del lado suyo, igualmente: "Hágase contigo como quieres". Si quiere ser librado de su incapacidad, no tema decir: "¡Quiero, quiero!"

Luego viene el segundo paso. Cristo quiere que lo mire a él como su único Ayudador. Tiene que exclamar: "No tengo quien me meta". Aquí en la tierra no hay ayuda para usted. Con el cuidado normal, la debilidad puede convertirse en fuerza, si todos los órganos y funciones están en buen estado. La enfermedad necesita que se tomen medidas especiales. Su alma está enferma; su incapacidad para mantener un andar gozoso en el camino de Dios es un síntoma de la enfermedad. No tenga miedo de confesar esto y admitir que no tiene esperanza de ser restaurado, a menos que sea sanado por un acto de la misericordia de Cristo. Abandone la idea de cambiar su condición enfermiza por un estado saludable, de salirse de debajo de la ley para estar bajo la gracia.

Hace unos pocos días oí a un estudiante que defendía la causa de la promesa voluntaria. "La promesa lo llama", decía él, "para que tome una decisión. No piense en convertirse en un misionero. A menos que Dios se lo prohíba, dé el paso. La decisión le traerá gozo y fortaleza, lo dejará en libertad para desarrollarse en todo los aspectos necesarios para un misionero, y será una ayuda para otros". Así ocurre también en la vida cristiana. La demora y la lucha se lo impedirán por igual.

Confiese que no puede dedicarse a la oración como quiere por cuanto no puede entregarse a la vida saludable y celestial que ama la oración y que sabe contar con que el Espíritu de Dios ora en nosotros. Acuda a Cristo para que él lo sane. En un momento, él puede sanarlo, no en el sentido de producir un cambio repentino en sus sentimientos, ni en lo que es en sí mismo, sino mediante la realidad celestial que vendrá en respuesta a su entrega y a su fe. El se encargará de su vida interna y la llenará de él mismo y de su Espíritu Santo.

Lo tercero que Cristo pide es la entrega de fe. Cuando él le habló al hombre incapacitado, su mandamiento tenía que ser obedecido. El hombre creyó que había verdad y poder en la palabra de Cristo; con fe se levantó y anduvo. Por la fe obedeció. Lo que Cristo dijo a otros también fue para él: "Vete, tu fe te ha salvado". Cristo también nos pide a nosotros la fe. Su Palabra cambia nuestra impotencia en fortaleza, y nos equipa para andar en aquella vida nueva para la cual él nos ha vigorizado.

Si no creemos esto, si no reunimos el valor para decir como Pablo: "Todo lo puedo en Cristo que me fortalece", no podemos obedecer. Pero si oímos la palabra que nos dice que el andar no sólo es posible, sino que fue demostrado y visto en los santos de Dios del Antiguo Testamento, si fijamos nuestros ojos en el Cristo amante, poderoso y viviente, quien dice con poder: "Levántate, . . . y anda", recibiremos el valor y obedeceremos. Nos levantaremos y comenzaremos a andar en él y con su fuerza. Con fe —separada de todos los sentimientos y por encima de todos ellos— aceptaremos y confiaremos en el Cristo invisible como nuestra fortaleza, y proseguiremos con la fuerza del Señor Dios. Sabremos que Cristo es la fuerza de nuestra vida. Sabremos, diremos y probaremos que Cristo nos sanó.

¿Puede suceder eso? Sí, puede suceder. El ha hecho eso para muchos. Lo hará para usted. Tenga el cuidado de no formarse conceptos errados de lo que tiene que ocurrir. Cuando el paralítico fue sano, aún tenía que aprender todo acerca de la manera de usar la nueva fuerza que había hallado. Si quería cavar, o edificar, o aprender un oficio, tenía que comenzar desde el principio. No espere ser de repente un experto en la oración ni en ningún otro aspecto de la vida cristiana. Pero espere y tenga la confianza de que, como se ha entregado confiadamente a Cristo para que él sea su salud y su fuerza, él lo guiará y lo enseñará. Comience a orar con una tranquila comprensión de su ignorancia y debilidad, pero con la gozosa seguridad de que él hará en usted lo que necesita. Levántese, y ande cada día con la santa confianza de que él está con y en usted. Acepte a Jesucristo como el Señor viviente, y confíe en que él hará su obra.

¿Lo hará? ¿Lo hizo? Ahora mismo Jesús le dice: "Levántate, . . . y anda". Amén, Señor, por tu Palabra me levanto contigo, en ti, y como tú".

9

EL SECRETO DE LA ORACION EFICAZ

"Por tanto, os digo que todo lo que pidiereis orando, creed que lo recibiréis, y os vendrá" (Marcos 11:24).

AQUI tenemos un resumen de la enseñanza de nuestro Señor Jesús sobre la oración. No hay nada que nos ayude tan grandemente a convencernos de nuestro pecado de falta de oración, que ponga de manifiesto sus causas, y que nos dé el valor para esperar la completa libertad, como el cuidadoso estudio de esta enseñanza y su aceptación por la fe.

Cuanto más sinceramente entremos en la mente de nuestro bendito Señor y nos dediquemos a pensar en la oración como él pensó, tanto más sus palabras serán ciertamente como semillas vivas. Crecerán y producirán en nosotros su fruto: una vida y una práctica que se correspondan exactamente con la verdad divina que ellas contienen. Creamos esto: Cristo, la Palabra viviente de Dios, da en sus palabras un divino poder vivificador que hace que llegue a existir lo que ellas dicen. Ese poder obra en nosotros lo que él pide, y realmente nos hace aptos y nos capacita para todo lo que él demanda. Aprenda a considerar su enseñanza sobre la oración como una promesa definida de lo que él, por su Espíritu Santo que mora en usted, ha de hacer en su mismo ser y en su carácter.

Nuestro Señor nos ofrece las cinco características, o elementos esenciales, de la verdadera oración. En primer lugar, tiene que haber el *deseo* del corazón; luego, la expresión de ese deseo por medio de la *oración;* y con la oración, tiene que haber la *fe* que lleva la oración a Dios; en la fe tiene que haber *la aceptación de la respuesta de Dios;* y luego viene *la experiencia* de la bendición deseada. Puede servirnos de ayuda para aclarar nuestro pensamiento el hecho de que cada uno tome una petición definida para aprender a orar con fe en relación con ella. Mejor aun, debiéramos unirnos en aquello que ha estado ocupando nuestra atención. Después de hablar del fracaso en la oración, ¿por qué no tomamos como el objeto de nuestro deseo y de nuestra intercesión la gracia de poder suplicar? Cada uno de nosotros puede decir: "Quiero pedir y recibir por fe el poder para orar tal como Dios quiere y tanto como él espera de mí". Meditemos en las palabras de nuestro Señor con la confianza de que él nos enseñará cómo orar para obtener esta bendición.

1. "Todo lo que *pidiereis*". El deseo de pedir es el alma de la oración, y la causa de la oración insuficiente o que no tiene éxito se halla a menudo en la falta o en la debilidad del deseo. Algunos pueden dudar de esto; están seguros de que han deseado muy sinceramente lo que piden. Pero si ellos juzgan para ver si su deseo ha sido en verdad tan sincero como Dios quiere que sea, como el que demanda el valor celestial de estas bendiciones, pueden llegar a comprender que en realidad la causa del fracaso fue la falta del deseo.

Lo que es cierto con respecto a Dios lo es con respecto a cada una de sus bendiciones, y tanto más cierto cuanto más espiritual sea la bendición. ". . . me buscaréis y me hallaréis, porque me buscaréis de todo vuestro corazón" (Jeremías 29:13). Está escrito respecto de Judá en los días de Asa: "de toda su voluntad lo buscaban" (2 Crónicas 15:15).

El cristiano puede tener con frecuencia muchos deseos de recibir bendiciones espirituales. Pero junto con estos deseos hay otros en su vida diaria que ocupan un gran puesto en sus intereses y afectos. Los deseos espirituales no son completamente absorbentes. El se queda perplejo por el hecho de que su oración no es oída. Esto se debe sencillamente a que Dios quiere todo el corazón. "Jehová nuestro Dios, Jehová uno es. Y amarás a Jehová tu Dios de todo tu corazón". La ley es inmutable; Dios se ofrece, se entrega a sí mismo, a los que con corazón sincero se entregan a él. El también nos da según el deseo de nuestro corazón, no según lo que nosotros pensamos de nuestro deseo, sino según lo que él piensa de él. Si hay otros deseos que están más arraigados en nosotros, que ocupan más nuestro corazón que el Señor y su presencia, él permite que éstos sean satisfechos, y entonces no puede conceder los deseos que expresamos en la hora de la oración.

Deseamos el don de la intercesión, la gracia y el poder para orar bien. Nuestros corazones tienen que apartarse de los demás deseos; tenemos que entregarnos completamente a este único deseo. Tenemos que estar totalmente dispuestos a vivir en intercesión a favor del reino. Al fijar nuestros ojos en la bienaventuranza y en la necesidad de esta gracia, al creer con certidumbre que Dios nos la dará, al entregarnos a ella por amor al mundo que perece, el deseo puede ser fortalecido. Habremos dado, pues, el primer paso hacia la posesión de la bendición que codiciamos. Busquemos la gracia de la oración, así como buscamos "con todo nuestro deseo" al Dios con quien ella nos vincula. Podemos depender de la promesa: "cumplirá el deseo de los que le temen". No tengamos miedo de decirle a él: "Lo deseo con todo mi corazón".

2. "Todo lo que pidiereis [deseareis] orando". El deseo del corazón tiene que llegar a ser la expresión de los labios. Nuestro Señor Jesús preguntó más de una vez a los que le pedían misericordia: "¿Qué quieres?" El quería que ellos dijeran lo que deseaban. El hecho de declararlo estimulaba todo el ser a la acción, los ponía en contacto con él y hacía que despertara la expectación de ellos. Orar es entrar en la presencia de Dios, reclamar y asegurar su atención, tener un trato claro con él con respecto a cierta petición, encomendar nuestra necesidad a su fidelidad y dejarla allí. Al hacer eso, llegamos a estar plenamente conscientes de lo que estamos pidiendo.

Hay algunos que con frecuencia tienen muchos deseos en el corazón, pero no los expresan ante Dios de manera clara y definida por medio de la oración repetida. Hay otros que acuden a la Palabra de Dios y a sus promesas para fortalecer su fe, pero no dan suficiente lugar a aquella precisa petición a Dios que ayuda al alma a ganar la seguridad de que el asunto ha sido puesto en las manos de él. Aun otros acuden a la oración con tantísimas peticiones y deseos que a ellos mismos les es difícil decir lo que realmente esperan que Dios haga.

Si quiere que Dios le dé este gran don de la fidelidad en la oración y el poder para orar correctamente, comience a orar en ese sentido. Declare para usted y para Dios: "Hay aquí algo que he pedido, y que continúo pidiendo hasta recibirlo. En forma tan clara y precisa como las palabras puedan expresarlo, lo que estoy diciendo es lo siguiente: 'Padre mío, yo deseo la gracia de la oración y de la intercesión, te la pido, la espero de ti' ".

3. "Lo que pidiereis orando, *creed*". Sólo por fe podemos conocer a Dios, o recibir a Jesucristo, o vivir la vida cristiana. Así también, la fe es la vida y el poder de la oración. Si hemos de comenzar una vida de intercesión en que haya gozo, poder y bendición, si por la gracia hemos de obtener respuesta a nuestra oración, tenemos que aprender de nuevo lo que es la fe, comenzar a vivir y a orar con fe como nunca antes.

Fe es lo opuesto a lo que se ve. Estas dos cosas son contrarias entre sí. ". . . por fe andamos, no por vista". Si lo invisible ha de tomar plena posesión de nosotros, y el corazón, la vida y la oración han de estar llenos de fe, tiene que haber un retiro de lo visible, una negación de ello. El espíritu que busca disfrutar tanto como le sea posible de lo que es inocente o legítimo, que da el primer lugar a los llamados y deberes de la vida, es inconsecuente con una fe fuerte y una estrecha relación con el mundo espiritual. ". . . *no mirando* nosotros las cosas que se ven —si se menciona la acción positiva, la negativa debe destacarse—, sino las que no se ven". Esto tiene que llegar a ser natural para nosotros. En la oración, la fe depende de que nosotros vivamos en el mundo invisible.

Esto se refiere especialmente a la fe en Dios. La gran razón de nuestra falta de fe es que carecemos del conocimiento de Dios y comunión con él. Cuando Cristo habló de mover montañas, dijo: "Tened fe en Dios". Cuando el alma conoce a Dios, cuando está ocupada con su poder, su amor y su fidelidad, cuando se sale del mundo del egoísmo y permite que la luz de Dios la ilumine, la incredulidad llega a ser imposible. Todos los misterios y las dificultades relacionados con las respuestas a la oración, por más pequeños que seamos para resolverlos intelectualmente, estarán incluidos en la seguridad de la adoración: "Este Dios es nuestro Dios. El nos bendecirá. El responde en verdad a la oración. Y él se deleitará en darme la gracia para orar, que es lo que estoy pidiendo" (vea Apéndice 3).

4. "Lo que pidiereis orando, creed que *lo recibiréis*". *La fe tiene que aceptar la respuesta como si Dios lo hubiera dado en el cielo, antes de hallarla o sentirla en la tierra.* Este punto causa dificultad, pero es la esencia de la oración de fe, su secreto

real. Trate de entenderlo. Las cosas espirituales sólo pueden entenderse o apropiarse espiritualmente. La bendición espiritual celestial de la respuesta de Dios en su oración, tiene que reconocerla y aceptarla en su espíritu antes de sentir algo de ella. La fe es la que hace esto.

La persona que no sólo busca la respuesta, sino que primero busca al Dios que da la respuesta, recibe el poder para saber que ha obtenido lo que le ha pedido a Dios. Si sabe que ha pedido de acuerdo con la voluntad y las promesas de Dios, y ha acudido a él y ha hallado que Dios se lo concede, cree que lo ha recibido. ". . . sabemos que él nos oye".

No hay nada que sirva tanto para examinar la conciencia como esta fe: "Creed que lo recibiréis". Cuando nos esforzamos por creer, y descubrimos que no podemos, eso nos lleva a descubrir lo que impide. Bienaventurado el hombre que no retiene nada, ni permite que nada lo detenga. En vez de ello, con los ojos y el corazón puestos sólo en Dios, se niega a quedarse tranquilo hasta que ha creído que el Señor le da indicios de *que ha recibido*. Ese fue el momento en que Jacob se convirtió en Israel, y el poder de la oración prevaleciente nació de la debilidad y de la desesperación. Es aquí donde entra la necesidad real de la oración perseverante y siempre importuna, que no se quedará tranquila, ni se retirará, ni se rendirá hasta que sepa que ha sido oída y cree que ha recibido.

¿Está pidiéndole a Dios que le dé *el Espíritu de gracia y de súplica?* Mientras lo pida con un fuerte deseo y cree que Dios oye la oración, no tenga temor de perseverar y creer que su vida puede en verdad ser cambiada. Crea que todas las presiones de la vida diaria que impiden la oración pueden ser vencidas. Crea que Dios le dará lo que desea su corazón: gracia para orar mucho, y para orar en el Espíritu, tal como el Padre quiere que lo haga su hijo. "Creed que lo recibiréis".

5. "Todo lo que pidiereis orando, creed que lo recibiréis y *os vendrá*". El hecho de recibir de Dios por fe, la aceptación de la respuesta por fe, con la perfecta y agradecida seguridad de que se ha concedido la petición, no es necesariamente la experiencia misma o posesión subjetiva del don que hemos pedido. Algunas veces puede haber un intervalo considerable o aun largo. En otros casos, el suplicante que cree puede disfrutar de inmediato lo que ha recibido. Cuando hay el intervalo, necesitamos espe-

cialmente fe y paciencia. Necesitamos fe para regocijarnos por la seguridad de la respuesta que se nos ha otorgado y que hemos recibido, y para comenzar a actuar basados en la respuesta, aunque no hayamos sentido nada. Necesitamos paciencia para esperar aunque al presente no haya prueba visible de la respuesta. Podemos contar con el gozo futuro: *"Os vendrá"*.

Podemos aplicar este principio a nuestra oración cuando pedimos poder para ser fieles intercesores, cuando pedimos la gracia para orar de manera intensa y perseverante por las almas que nos rodean. Aprendamos a asirnos de la certidumbre divina de que tan ciertamente como creemos, recibiremos. Creamos, por tanto, que la fe, aparte de todo fracaso, puede regocijarse en la certeza de que la oración recibe su respuesta. Cuanto más alabemos a Dios por la respuesta, tanto más pronto vendrá la experiencia. Podemos comenzar de una vez a orar por otros, con la confianza de que se nos dará la gracia para orar con más perseverancia y más fe que antes.

Si no hallamos de inmediato ningún incremento de nuestro deseo de orar, ni de nuestro poder en la oración, esto no debe impedirnos ni desanimarnos. Careciendo del sentimiento, hemos aceptado una divina dádiva espiritual por la fe; con esa fe debemos orar sin dudar nada. El Espíritu Santo puede esconderse por breve tiempo en nuestro interior. Pero podemos contar con que él ora en nosotros, aunque sea con gemidos indecibles. A su debido tiempo llegaremos a estar conscientes de su presencia y de su poder. Con la misma seguridad con que haya el deseo, la oración y la fe, la aceptación de la dádiva por la fe; también habrá la manifestación y la experiencia de la bendición que hemos pedido.

¿Quiere que Dios lo capacite para orar de tal modo que su vida sea libre de esa constante condenación que se hace a sí mismo, y que el poder del Espíritu de Dios descienda con poder y como respuesta a su petición? Acuda y *pídaselo a Dios*. Arrodíllese y pídaselo con una declaración definida. Cuando haya hecho la petición, siga arrodillado con fe, creyendo que Dios responde. Ahora, crea que está recibiendo lo que ha pedido; crea que lo ha recibido. Si le parece difícil hacer esto, continúe arrodillado, y dígale a Dios que lo cree basado en la fortaleza que ha recibido de su Palabra. Si eso le cuesta tiempo, y lucha, y duda, no tenga temor. Mientras esté a los pies del Señor, mirando su rostro, le vendrá la fe. "Creed que lo recibiréis". Cuando reciba la indicación de parte de él, atrévase a reclamar la respuesta. Con esa fe, aunque sea frágil, comience una nueva vida de oración; tenga el siguiente pensamiento como base de su fortaleza: Usted ha pedido y recibido la gracia de Cristo para prepararse, paso por paso, a fin de ser fiel en la oración y en la intercesión. Cuanto más sencillamente se aferre a este hecho y espere que el Espíritu Santo obre, tanto más segura, plena y verdadera se hará la palabra de Cristo: "Os vendrá". El mismo Dios que dio la respuesta la producirá en usted.

10

EL ESPIRITU DE SUPLICA

"Y derramaré sobre la casa de David, . . . espíritu de gracia y de oración" (Zacarías 12:10).

"Y de igual manera el Espíritu nos ayuda en nuestra debilidad; pues qué hemos de pedir como conviene, no lo sabemos, pero el Espíritu mismo intercede por nosotros con gemidos indecibles. Mas el que escudriña los corazones sabe cuál es la intención del Espíritu, porque conforme a la voluntad de Dios intercede por los santos" (Romanos 8:26, 27).

". . . orando en todo tiempo con toda oración y súplica en el Espíritu, y velando en ello con toda perseverancia y súplica por todos los santos" (Efesios 6:18).

". . . orando en el Espíritu Santo" (Judas 20).

A TODO hijo de Dios se le ha dado el Espíritu Santo para que sea su vida. El Espíritu Santo mora en él, no como un ser separado que vive en una parte de su naturaleza, sino como su misma vida. El es el poder divino, la energía mediante la cual su vida se mantiene y se fortalece. El Espíritu Santo puede y quiere obrar en el creyente todo aquello a que éste es llamado a ser o hacer. Si el individuo no conoce al Huésped divino, ni se entrega a él, el Espíritu Santo no puede obrar, y entonces la vida de dicho individuo está enferma, llena de fracaso y de pecado. Cuando el individuo se entrega, espera, y luego obedece la dirección del Espíritu Santo, Dios obra en él todo lo que es agradable delante de su presencia.

Este Espíritu Santo, en primer lugar, es un espíritu de oración. El fue prometido como un "espíritu de gracia y de oración". Fue enviado a nuestros corazones como "el espíritu de adopción, por el cual clamamos: ¡Abba, Padre!" El nos capacita para decir, con verdadera fe y creciente comprensión de su significado: "Padre nuestro que estás en los cielos".

El "conforme a la voluntad de Dios intercede por los santos".

Cuando oramos en el Espíritu, nuestra adoración es como Dios busca que sea: "en espíritu y en verdad". La oración es sencillamente el aliento del Espíritu Santo en nosotros; el poder para la oración viene del poder del Espíritu que mora en nosotros, mientras esperamos y confiamos en él. El fracaso en la oración viene de la debilidad de la obra del Espíritu en nosotros. Nuestra oración es un instrumento que sirve para medir la obra del Espíritu Santo en nosotros. Para orar de la manera correcta, la vida del Espíritu tiene que estar correctamente en nosotros. Para hacer la oración del justo que es eficaz y puede mucho, todo depende de que estemos llenos del Espíritu Santo.

El creyente que quiere disfrutar de la bendición de que el Espíritu Santo lo enseñe a orar, tiene que saber cuatro lecciones sencillas: Primera, *creer que el Espíritu Santo mora en él* (Efesios 1:13). En lo más recóndito de su ser, escondido y sin que lo sienta, todo hijo de Dios tiene al poderoso Espíritu Santo de Dios que mora en él. Esto lo sabe el creyente por la fe. Al aceptar la Palabra de Dios, él agarra aquello de lo cual no ve hasta ahora ninguna señal.

". . . a fin de que por la fe recibiésemos la promesa del Espíritu". Mientras nosotros midamos nuestro poder para orar persistentemente y de la manera correcta según lo que sintamos o pensemos que podemos lograr, nos desanimaremos al oír cuánto tenemos que orar. Pero cuando tranquilamente creemos que el Espíritu Santo como espíritu de súplica mora dentro de nosotros, en medio de nuestra consciente debilidad, *con el mismo propósito de capacitarnos para orar de tal manera y en tal medida como Dios quiere que lo hagamos*, nuestros corazones se llenan de esperanza. Seremos fortalecidos con la seguridad, que yace en la misma raíz de una vida cristiana y fructífera, de que *Dios ha hecho abundante provisión para que nosotros seamos lo que él quiere que seamos*. Comenzaremos a perder aquella conciencia de carga, temor y desánimo en cuanto a orar siempre de manera suficiente, por cuanto vemos que el mismo Espíritu Santo orará en nosotros, y ya está orando.

La segunda lección que el creyente debe aprender es que, *debe tener el cuidado, por encima de todo, de no contristar al Espíritu Santo* (Efesios 4:30). Si hace tal cosa, ¿cómo puede él producir en usted la tranquila, confiada y bendita conciencia de aquella unión con Cristo que hace que sus oraciones sean agradables al Padre? Tenga el cuidado de no contristarlo por causa del pecado, de la incredulidad, del egoísmo, o de la infidelidad a la voz de él en su conciencia.

No piense que contristarlo es una necesidad. Esa idea corta los mismos tendones que le dan fuerza para obedecer el mandamiento. No considere imposible obedecer las palabras: "Y no contristéis al Espíritu Santo". El es el mismo poder de Dios que hace que obedezca. Los pecados que se levantan contra su voluntad, una tendencia a la pereza, al orgullo, a la terquedad, o una pasión que se despierta en la carne, pueden ser rechazados de una vez por su voluntad con el poder del Espíritu Santo, y ser lanzados sobre Cristo y sobre su sangre. Entonces se restaura de inmediato su comunión con Dios.

Acepte cada día al Espíritu Santo como su líder, su vida y su fuerza; puede contar con que él hará en su corazón todo lo que debe hacerse allí. El, a quien no vemos ni palpamos, pero a quien conocemos por la fe, da allí, sin ser visto ni palpado, el amor, la fe y el poder de obedecer que necesita. El revela al Cristo invisible dentro de usted, como su vida y fortaleza. No entristezca al Espíritu Santo al desconfiar en él, por el sólo hecho de que no siente su presencia.

Especialmente en el tema de la oración, no contriste al Espíritu Santo. Cuando confíe en que Cristo lo llevará a una nueva y saludable vida de oración, no espere que de una vez podrá orar de manera fácil, regocijada y poderosa como quiere hacerlo. Estas cosas no pueden venir inmediatamente. Sólo inclínese tranquilamente delante de Dios con ignorancia y debilidad. La mejor oración verdadera consiste en que se coloque delante de Dios tal como es y cuente con que el Espíritu Santo ora en usted.

". . . ¿qué hemos de pedir como conviene, no lo sabemos". La ignorancia, la dificultad, la lucha, caracterizan nuestra oración desde el principio. Pero "de igual manera el Espíritu nos ayuda en nuestra debilidad". ¿Cómo? ". . . el mismo Espíritu —más profundo que nuestros pensamientos y sentimientos— intercede por nosotros con gemidos indecibles". Cuando no pueda hallar palabras, cuando sus palabras parezcan frías y débiles, simplemente crea: *El Espíritu Santo está orando en mí.*

Esté quieto delante de Dios y dé a él tiempo y oportunidad. A su debido tiempo, aprenderá a orar. Tenga el cuidado de no contristar al Espíritu de oración, al no honrarlo con una paciente y confiada entrega a la intercesión de él en usted.

En tercer lugar, usted debe aprender la lección: "*sed llenos del Espíritu*" (Efesios 5:18). Pienso que hemos comprendido el significado de la gran verdad: Sólo la vida espiritual saludable puede orar como debe. A todos se nos da el mandamiento: "Sed llenos del Espíritu". Eso implica que, aunque algunos se queden contentos con sólo el comienzo y con una pequeña medida de la obra del Espíritu Santo, Dios quiere que estemos llenos de él. Desde nuestro lado, eso significa que todo nuestro ser debe estar enteramente rendido al Espíritu Santo, debe estar poseído y controlado sólo por él. Desde el lado de Dios, podemos contar con que el Espíritu Santo tomará posesión de nosotros y nos llenará, y esperar eso.

Nuestro fracaso en la oración se ha debido evidentemente a que no hemos aceptado el Espíritu de oración para que sea nuestra vida; a que no nos hemos entregado íntegramente a Aquel a quien el Padre nos dio como el Espíritu de su Hijo, para que él produzca su vida en nosotros. Estemos dispuestos a recibirlo, a rendirnos a Dios y a confiar en que él nos llena. No volvamos a contristar voluntariamente al Espíritu Santo, al declinar, descuidar o vacilar en tratar de tenerlo a él tan plenamente como él está dispuesto a dársenos. Si hemos visto que la oración es la gran necesidad de nuestra obra y de nuestra iglesia, si hemos deseado o decidido orar más, acudamos a la misma fuente de todo poder y bendición. Creamos que el Espíritu de oración, con toda su plenitud, es para nosotros.

Todos estamos de acuerdo en cuanto al lugar que el Padre y el Hijo desempeñan en nuestra oración. Nosotros oramos al Padre, y de él esperamos la respuesta. Confiamos en ser oídos por el mérito, por el nombre, y por la vida del Hijo, y mediante nuestra permanencia en él y la permanencia de él en nosotros. ¿Pero hemos entendido que las tres Personas de la Trinidad ocupan igual lugar en la oración? La fe en que el Espíritu Santo de intercesión ora en nosotros es tan indispensable como la fe en el Padre y en el Hijo. Esto se ve muy claramente en las siguientes palabras: ". . . porque por medio de él [Cristo] los unos y los otros tenemos entrada por un mismo Espíritu al Padre". Así como la oración tiene que hacerse *al* Padre, y *por medio* del Hijo, así tiene que hacerse *por* el Espíritu. Y el Espíritu ora al vivir en nosotros. Es sólo a medida que nos entregamos al Espíritu Santo que vive y ora en nosotros que podemos conocer en su poder, la gloria del Dios que oye la oración, y la bendita y más efectiva mediación del Hijo (vea Apéndice 4).

Finalmente, debemos aprender la lección de *orar en el Espíritu por todos los santos* (Efesios 6:18). El Espíritu, que es llamado Espíritu de oración, también se llama de manera especial Espíritu de intercesión. De él se dice: ". . . el Espíritu mismo intercede por nosotros con gemidos indecibles". ". . . intercede por los santos". Esta es la misma palabra que se usa con respecto a Cristo, "que también intercede por nosotros".

El pensamiento que hay en los versículos que acabo de citar es esencialmente el de la mediación: Se refieren a una persona que ruega a favor de otra. Cuando el Espíritu de intercesión toma plena posesión de nosotros, desaparece todo egoísmo, aquella actitud de querer que él se aparte de la intercesión por otros y sólo interceda por nosotros, y es entonces cuando comenzamos a aprovechar del maravilloso privilegio de interceder por los hombres. Anhelamos la vida de Cristo, de consumirnos en sacrificio por otros. Nuestro corazón se entrega incesantemente a Dios con el fin de obtener su bendición para los que nos rodean. Es entonces cuando la intercesión no llega a ser un incidente ni una parte ocasional de nuestras oraciones, sino el gran tema de ellas. Entonces, la oración a favor de nosotros mismos ocupa el verdadero lugar que le corresponde sencillamente como medio de prepararnos mejor de tal modo que seamos más eficaces en el ejercicio de nuestro ministerio de intercesión.

Humildemente le he pedido a Dios que me dé para yo poderle dar a usted, estimado lector, luz divina, para ayudarlo a abandonar la vida de fracaso en la oración, y a entrar de una vez en la vida de intercesión que el Espíritu Santo puede darle. Mediante un sencillo acto de fe, reclame la plenitud del Espíritu, aquella medida plena que ante los ojos de Dios es capaz de recibir y que, por tanto, él está dispuesto a otorgarle. ¿No quiere ahora mismo, recibir esto por la fe?

¿Qué es lo que ocurre cuando una persona se convierte? La mayoría de ustedes, los lectores, durante algún tiempo buscaron la paz por medio de esfuerzos para abandonar el pecado y complacer a Dios. Pero no la hallaron de ese modo. La paz del perdón de Dios les vino por fe, al confiar en lo que dice la Palabra de Dios con respecto a Cristo y a su salvación. Habían oído acerca de Cristo como el Don del amor de Dios, sabían que él era también para ustedes y habían sentido los movimientos y tirones de su gracia. Pero nunca, hasta cuando por fe en la Palabra de Dios, aceptaron a Cristo como el Don de Dios, experimentaron la paz y el gozo que él puede dar. El hecho de creer en él y en su amor salvador estableció toda la diferencia y cambió su relación con él, de uno que siempre lo había ofendido a uno que ahora lo amaba y le servía. Sin embargo, se han admirado mil veces del hecho de que lo aman y le sirven mucho menos de lo que él merece.

Cuando se convirtió, sabía poco acerca del Espíritu Santo. Posteriormente, oyó que el Espíritu mora en usted y que es el poder de Dios para todo lo que el Padre quiere que sea. A pesar de eso, el hecho de que él vive y obra en su ser ha sido algo vago e indefinido, a duras penas una fuente de gozo o poder. Cuando se convirtió, no tenía conciencia de que lo necesitaba, y mucho menos de lo que podía esperar de él. Pero los fracasos suyos le han enseñado eso. Ahora comienza a comprender que ha estado contristándolo al no confiar en él ni seguirlo, al no permitirle obrar en todo lo que a Dios le agrada.

Todo esto puede cambiar. Después que buscó a Cristo, y oró a él, y sin éxito trató de servirle, halló descanso al aceptarlo por la fe. Del mismo modo ahora puede entregarse a la plena dirección del Espíritu Santo, y reclamar que él obre lo que Dios quiere, y aceptar su obra. ¿Quiere hacerlo? Acéptelo por fe como el Don de Cristo para que sea el Espíritu de toda su vida, incluso su vida de oración. Puede contar con que él se encargará de todo. Sin importar que se sienta muy débil e incapaz para orar bien, inclínese en silencio delante de Dios, con la seguridad de que él le enseñará a orar.

Así como, mediante una fe consciente, aceptó el perdón de Cristo, ahora puede conscientemente recibir por fe al Espíritu Santo que Cristo da para que haga su obra. "Cristo nos redimió . . . a fin de que por la fe recibiésemos la promesa del Espíritu Santo". Arrodíllese ahora, y simplemente crea que el Señor Jesucristo, quien bautiza con el Espíritu Santo, ahora mismo comenzará, en respuesta a su fe, la bendita vida en que se manifieste una plena experiencia de poder del Espíritu Santo que mora en usted. Dependa de la manera más confiada en que él, aparte de cualquier sentimiento o experiencia, como el Espíritu de oración e intercesión, hará su obra. Renueve ese acto de fe cada mañana, cada vez que ore. Confíe en que él, en contra de todas las apariencias, obrará; tenga la confianza de que él está obrando, y él le manifestará el gozo del Espíritu Santo como el poder de su vida.

"... derramaré.... espíritu de gracia y de oración". El ministerio de la oración es el ministerio de la morada divina en nosotros. Desde el cielo, Dios envía el Espíritu Santo a nuestros corazones para que sea allí el Poder divino que ora en nosotros y nos eleve hacia Dios. Dios es Espíritu, y nada que no sea una vida igual y del Espíritu en nosotros puede tener comunión con él.

El hombre fue creado para tener comunión con Dios, para que él morara y obrara en el hombre y fuera la vida de su vida. Pero esta morada de Dios en el hombre fue lo que éste perdió por causa del pecado. Esto fue lo que Cristo vino a exhibir en su vida, a fin de volverlo a ganar, por medio de su muerte, para nosotros, y luego impartírnoslo, al volver a descender del cielo a través del Espíritu Santo a morar en nosotros, sus discípulos. Sólo esta morada de Dios en nosotros por medio de su Espíritu Santo puede explicarnos las maravillosas promesas que se dieron para la oración, y capacitarnos para apropiárnoslas. Dios también da el Espíritu Santo como un Espíritu de oración, a fin de mantener su vida divina dentro de nosotros como una vida de la cual continuamente se eleva a él.

Sin el Espíritu Santo, ningún hombre puede llamar a Jesús, Señor, ni clamar: "Abba, Padre". Sin él, ningún hombre puede adorar en espíritu y en verdad, ni orar sin cesar. El Espíritu Santo se da al creyente para que sea y haga en él todo lo que Dios quiere que él sea o haga. Le es dado especialmente como el Espíritu de oración y súplica. Queda claro que en la oración, todo depende de que confiemos que el Espíritu Santo hará su obra en nuestros corazones, de que nos rindamos a su dirección y dependamos única y exclusivamente en él.

Leemos que Esteban fue "un varón lleno de fe y del Espíritu Santo". La fe y el Espíritu Santo siempre andan juntos, en proporción exactamente igual. Cuando nuestra fe comprende y confía en que el Espíritu Santo que está en nosotros ora, y espera en él, hará su obra. Lo que el Padre busca es el deseo anhelante, la súplica intensa, la fe definida. Conozcámoslo, y con la fe en que Cristo nos lo da incesantemente, cultivemos la firme confianza de que *podemos* aprender a orar como el Padre quiere que oremos.

11

EN EL NOMBRE DE CRISTO

"Y todo lo que pidiereis al Padre en mi nombre, lo haré . . . Si algo pidiereis en mi nombre, yo lo haré . . . yo os elegí a vosotros, y os he puesto para que . . . todo cuanto pidiereis al Padre en mi nombre, os lo dará . . . De cierto, de cierto os digo, que todo cuanto pidiereis al Padre en mi nombre, os lo dará. Hasta ahora nada habéis pedido en mi nombre; pedid, y recibiréis, para que vuestro gozo sea cumplido . . . En aquel día pediréis en mi nombre" (Juan 14:13, 14; 15:16; 16:23, 24, 26).

EL TERMINO "en mi nombre" se repite seis veces en nuestro texto. Nuestro Señor sabía que nuestros corazones iban a tardarse en recibir esto, pero él anhelaba muchísimo que nosotros creyéramos que su nombre es el poder con que toda rodilla debe doblarse, y con el cual puede ser oída toda oración. El no se cansó de decir vez tras vez: "¡En mi nombre!" Entre el maravilloso "todo lo que pidiereis al Padre en mi nombre", y el divino "yo lo haré . . . os lo dará", hay un vínculo "en mi nombre". Nuestra petición y la dádiva del Padre han de hacerse igualmente en el nombre de Cristo. En la oración, todo depende de que nosotros entendamos esto: "En mi nombre".

Un nombre es una palabra por medio de la cual recordamos toda la naturaleza y el ser de un objeto. Cuando hablo de un cordero o de un león, de inmediato, el nombre sugiere la naturaleza peculiar de cada uno de estos animales. El nombre de Dios tiene el propósito de expresar su total naturaleza divina y su gloria. Así también el nombre de Cristo tiene el propósito de expresar toda su naturaleza, su Persona y su obra, su disposición y su Espíritu. Pedir en el nombre de Cristo es orar en unión con él.

Cuando un pecador acepta a Cristo como Salvador personal, sólo sabe acerca del mérito de él y de su intercesión, y sólo piensa en eso; y hasta el fin, ése es el único fundamento de nuestra confianza. Pero a medida que el creyente crece en la gracia y entra de manera más profunda y verdadera en unión con Cristo, mientras permanece en él, aprende que orar en el nombre de Cristo también significa en su Espíritu y en la posesión de la naturaleza de él, según nos la imparte el Espíritu Santo.

Cuando comprendamos el significado de las palabras: "En aquel día pediréis en mi nombre", el día en que, por el Espíritu Santo, Cristo vino a morar en sus discípulos, ya no vacilaremos a causa de la grandeza de la siguiente promesa: "Y *todo* lo que pidiereis al Padre en mi nombre, lo haré". Obtendremos algún discernimiento sobre la inmutable necesidad y la certidumbre de esta ley: *Lo que se pide en el nombre de Cristo, en unión con él, por su naturaleza y en su Espíritu, tiene que concederse.*

Cuando la naturaleza de oración de Cristo vive en nosotros, el poder en la oración llega a ser también nuestro. La medida de nuestro logro o de nuestra experiencia no será la base de nuestra confianza. Más bien, la rectitud y sinceridad de nuestra entrega a todo lo que vemos que Cristo busca ser en nosotros será la medida de nuestra aptitud espiritual y de nuestro poder para orar en su nombre. "Si permanecéis en mí", dice él, . . . "pedid todo lo que queréis . . ." (Juan 15:7).

Mientras vivimos en él, recibimos el poder espiritual para aprovecharnos de su nombre. Como la rama que está totalmente entregada a la vida y al servicio de la vid puede contar con que recibirá toda la savia y la fuerza para dar su fruto, así el creyente que con fe ha aceptado que la plenitud del Espíritu posea íntegramente su vida, puede en verdad aprovecharse de todo el poder del nombre de Cristo.

Aquí en la tierra, Cristo como hombre vino a revelarnos lo que es la oración. Para orar en el nombre de Cristo, tenemos que orar como él oró en la tierra. El nos enseñó a orar en unión con él, como ora en el cielo. Tenemos que estudiarlo con amor, y con fe, aceptarlo como nuestro ejemplo, nuestro maestro, nuestro intercesor.

Cristo nuestro ejemplo

Aquí en la tierra, la oración en Cristo y en nosotros no puede ser dos cosas distintas. Del mismo modo como no hay sino un

Dios, que es Espíritu y oye la oración, así no hay sino un espíritu de oración que es aceptable. Debemos comprender cuánto tiempo pasó Cristo en oración, y cómo los grandes eventos de su vida estuvieron todos conectados con la oración de manera especial. Luego aprendemos la necesidad de depender absolutamente del mundo celestial, y de mantener comunión incesante con él, si hemos de vivir una vida celestial, o de ejercer poder celestial en lo que nos rodea.

Vemos cuán necio e infructífero tiene que ser el intento de trabajar para Dios y para el cielo, sin lograr primero que la vida y el poder del cielo nos posean. A menos que esta verdad more en nosotros, no podemos aprovechar bien el extraordinario poder del nombre de Cristo. Su ejemplo tiene que enseñarnos el significado de su nombre.

Con respecto al bautismo de él, leemos: ". . . también Jesús fue bautizado; *y orando*, el cielo se abrió". Mientras estaba en oración, el cielo se abrió, y el cielo descendió a él con el Espíritu y la voz del Padre. Con el poder de éstos, fue guiado hacia el desierto, para poner en práctica el ayuno y la oración, a fin de que estos dos medios estuvieran probados y completamente apropiados.

Con respecto al principio del ministerio de Cristo, Marcos registra lo siguiente: "Levantándose muy de mañana, siendo aún muy oscuro, salió y se fue a un lugar desierto, y *allí oraba*" (Marcos 1:35). Un poco después, dice Lucas: ". . . y se reunía mucha gente para oírle, y para que les sanase de sus enfermedades. *Mas él se apartaba a lugares desiertos, y oraba*" (Lucas 5:15, 16).

Jesús sabía que aun el servicio más santo de predicar y sanar puede agotar el espíritu, que el tener demasiado contacto con los hombres podía nublar la comunión con Dios. El sabía que se necesita mucho tiempo si el espíritu había de descansar y arraigarse en él. Reconoció que ninguna presión del deber entre los hombres puede librar de la necesidad absoluta de la oración.

Si alguno hubiera podido estar satisfecho por vivir siempre y trabajar en espíritu de oración, hubiera sido nuestro Maestro. Pero no pudo estarlo; necesitaba abastecer de nuevo sus provisiones mediante períodos continuos y prolongados de oración. Usar el nombre de Cristo en la oración ciertamente incluye seguir su ejemplo y orar como él lo hizo.

Leemos lo que ocurrió la noche antes de escoger a sus apóstoles: "En aquellos días él fue al monte *a orar, y pasó la noche
orando a Dios*" (Lucas 6:12). El primer paso hacia el estable-
cimiento de la iglesia, y hacia la separación de hombres para
que fueran sus testigos y sucesores, exigió una oración especial
que se prolongó continuamente. Todo tenía que hacerse según
el modelo que Jesús reveló: "No puede el Hijo hacer nada por sí
mismo, sino lo que ve hacer al Padre". En la noche de oración
se le mostró lo que habría de hacer.

En la noche que transcurría entre la alimentación de los
cinco mil, cuando Jesús se dio cuenta de que el pueblo quería
tomarlo por la fuerza y hacerlo rey, hasta el momento cuando
se acercó a los discípulos andando sobre el mar, "subió al monte
a orar aparte" (Mateo 14:23; Marcos 6:46; Juan 6:15). El había
venido a hacer la voluntad de Dios y a demostrar su poder. El
no tenía este poder como posesión propia; tenía que pedirlo y
recibirlo de arriba.

El primer anuncio de la muerte de Cristo que se acercaba,
después de que Pedro confesó que él era el Cristo, se presenta
con las siguientes palabras: "Aconteció que mientras Jesús
oraba aparte" (Lucas 9:18). Lucas, en su introducción a la historia de la transfiguración, dice: ". . . *subió al monte a orar*"
(Lucas 9:28). La petición de los discípulos: "Señor, enséñanos
a orar" (Lucas 11:1), se produjo después de lo que se narra con
las siguientes palabras: "Aconteció que *estaba Jesús orando
en un lugar*". En toda su propia vida personal, en su relación
con el Padre, en todo lo que él es y en lo que hace a favor de los
hombres, el Cristo cuyo nombre hemos de usar es un hombre
de oración.

La oración es la que le da a Cristo su poder de bendición y
la que transfigura su mismo cuerpo con la gloria del cielo. Su
vida de oración es la que lo capacita para enseñar a otros a orar.
¡Cuánto más la oración, la oración a solas, tiene que ser lo que
nos hace aptos para participar de su gloria, de una vida trans-
figurada, o nos convierte en el canal de la bendición celestial y
de la enseñanza para otros. Orar en el nombre de Cristo es orar
como él ora.

Cuando se le acercaba la muerte a Cristo, él aún oraba.
Cuando los griegos manifestaron que querían ver a Jesús, y él
habló acerca de la muerte que se le acercaba, oró. En la tumba

de Lázaro, oró. La última noche de su vida, hizo la oración de Sumo Sacerdote, para que nosotros comprendiéramos lo que ganaría con su sacrificio y lo que sería su intercesión eterna en el trono. En Getsemaní, él hizo su oración como víctima: el Cordero que se entregaba para ser degollado. En la cruz, todo es aún oración: la oración de compasión a favor de sus asesinos, la oración del sufrimiento expiatorio en medio de las densas tinieblas, la oración para entregar con confiada resignación, a la hora de la muerte, su espíritu al Padre (vea Apéndice 5).

La vida y la obra de Cristo, su sufrimiento y su muerte, se basaron en la oración, en la dependencia total de Dios, en la confianza en él, en recibir de Dios y dar a Dios. Su redención, estimado lector, se produjo por medio de la oración y la intercesión. Su Cristo es un Cristo que ora. La vida de él *por usted*, la vida de él *en usted*, es una vida que se deleita en esperar en Dios y en recibir todo de él. Orar en su nombre es orar como él oró. Cristo es nuestro único Ejemplo porque él es nuestra Cabeza, nuestro Salvador y nuestra Vida. En virtud de su deidad y de su Espíritu, él puede vivir en nosotros. Podemos orar en su nombre porque permanecemos en él y él permanece en nosotros.

Cristo nuestro Maestro

Cristo fue lo que él enseñó. Toda su enseñanza fue sencillamente la revelación de la manera como él vivió, y, alabado sea Dios, de la manera como habría de vivir en nosotros. La enseñanza que él dio a los discípulos tuvo primero el propósito de despertar el deseo, y prepararlos para lo que él sería y haría en ellos por medio del Espíritu Santo. Creamos confiadamente que todo lo que él fue en la oración, y todo lo que él enseñó, él mismo lo dará. El vino a cumplir la ley; mucho más cumplirá el evangelio en todo lo que él nos enseñó en cuanto a lo que debemos pedir y cómo debemos orar.

1. *Qué pedir.* Algunas veces se ha dicho que las peticiones directas, en comparación con el ejercicio de la comunión con Dios, no constituyen sino una parte subordinada de la oración, y que "en la oración de aquellos que oran mejor y más, tales peticiones sólo ocupan un lugar no considerable". Si estudiamos con cuidado todo lo que dijo nuestro Señor acerca de la

oración, veremos que tal no fue su enseñanza. En el Padre Nuestro; en las parábolas sobre la oración; en la ilustración del hijo que le pide pan a su padre; cuando enseñó que debemos pedir, buscar y llamar; en el pensamiento central de la oración de fe: "todo lo que pidieres orando, creed que lo recibiréis"; en el tan repetido "todo lo que pidiereis", "si algo pidiereis", "todo cuanto pidiereis", en todas partes, nuestro Señor nos insta y nos anima a hacer peticiones definidas, y a esperar respuestas definidas.

Sólo por el hecho de que hemos confinado la oración a nuestras propias necesidades excesivamente, se ha considerado necesario librarla de la apariencia de egoísmo, dando a las peticiones un puesto subordinado. Los creyentes tienen que despertar ante la gloria de la obra de intercesión. Necesitan comprender que en ella, y en la petición definida de dádivas definidas correspondientes a esferas y personas definidas está nuestra más sublime comunión con nuestro glorificado Señor, y nuestro único poder real para bendecir a los hombres. Entonces queda claro que no puede haber una comunión más verdadera con Dios que la que se logra por medio de estas peticiones específicas y de sus respuestas, mediante las cuales nos convertimos en canal de su gracia y de su vida para los hombres. Es entonces cuando podemos tener una comunión con el Padre como la que tiene el Hijo en su intercesión.

2. *Cómo orar.* Nuestro Señor nos enseñó a orar en secreto, con sencillez, con los ojos puestos sólo en Dios, con humildad, y con un espíritu de amor perdonador. Pero la verdad principal que él siempre reiteró fue la siguiente: *orar con fe.* El definió la fe, no sólo como una confianza en la bondad o en el poder de Dios, sino como una seguridad de que hemos recibido exactamente lo mismo que pedimos. Luego, en vista de la demora en recibir la respuesta, él insistió en que pidiéramos con perseverancia y con insistencia.

Tenemos que ser "imitadores de aquellos que por la fe y la paciencia heredan las promesas". Tenemos que ejercer aquella fe que acepta la promesa y sabe que tiene lo que ha pedido, y practica la paciencia que obtiene la promesa y hereda la bendición. Entonces aprenderemos a entender por qué Dios, quien promete hacer pronto justicia a sus escogidos, les tiene paciencia en la aparente demora. Tal demora es para que su fe sea purificada de todo aquello que es de la carne, y probada y fortalecida, para que llegue a ser aquel poder espiritual que puede hacer todas las cosas, que incluso puede lanzar montañas al corazón de la mar.

Cristo nuestro Intercesor

Hemos observado a Cristo en sus oraciones y hemos oído sus enseñanzas en cuanto a cómo tenemos que orar. Pero para saber plenamente lo que significa orar en su nombre, tenemos que conocerlo también como Intercesor celestial.

Consideremos que toda la obra salvadora de Cristo que se realiza desde el cielo aún se lleva adelante, tal como se llevó adelante en la tierra, mediante una comunicación incesante con el Padre y una directa intercesión ante él, quien obra todo en todo, y es todo en todo. Todo acto de la gracia en Cristo ha sido precedido por la intercesión y a ésta le debe su poder. Dios ha sido honrado y reconocido como su autor.

En el trono de Dios, la sublime comunión de Cristo con el Padre y su participación en el gobierno del mundo está en la intercesión. Toda bendición que venga de arriba tiene el sello de Dios, por medio de la intercesión de Cristo. La intercesión que él realiza es el fruto y la gloria de la expiación que realizó. Cuando él se entregó como sacrificio a Dios por los hombres, demostró que su corazón total tenía un solo objeto: la gloria de Dios en la salvación de los hombres. En su intercesión se cumple este gran propósito: El glorifica al Padre al pedir y recibir todo de él; y así salva a los hombres al otorgarles lo que ha obtenido del Padre. La intercesión de Cristo es la gloria del Padre. Su propia gloria, nuestra gloria.

Este Cristo, el Intercesor, es nuestra vida, él es nuestra Cabeza, y nosotros somos su cuerpo. Su Espíritu y su vida nos dan aliento. Y como en el cielo, así en la tierra, la intercesión es el único canal de bendición escogido por Dios. Aprendamos de Cristo la gloria que hay en esto. ¿Cuál es la manera de ejercer este maravilloso poder? ¿Qué parte ha de tomar este poder en la obra de Dios?

1. *La gloria de la intercesión.* Por medio de ella, más que por medio de cualquiera otra cosa, glorificamos a Dios. Por ella glorificamos a Cristo. Por ella hacemos descender la bendición

sobre la iglesia y sobre el mundo. Por ella obtenemos nuestra más elevada nobleza: la de tener un poder como el de Dios para salvar a los hombres.

2. *El modo de interceder.* Pablo escribe: "Y andad en amor, como también Cristo nos amó, y se entregó a sí mismo por nosotros, ofrenda y sacrificio a Dios en olor fragante". Si vivimos como vivió Cristo, entregaríamos como él entregó, toda nuestra vida a Dios para que sea usada para él y para los hombres. Tan pronto como hayamos hecho esto y nos hayamos entregado a Dios, ya no buscaremos nada para nosotros, sino para los hombres, para que Dios nos use, y para que nos dé lo que podamos otorgar a otros. Es entonces cuando la intercesión llega a ser para nosotros, como para Cristo en el cielo, la gran obra de nuestra vida.

Si alguna vez nos llega el pensamiento de que la vocación es demasiado elevada o de que la obra es demasiado grande, la fe en Cristo, el Cristo que intercede y vive en nosotros, nos dará la victoria. Lo oiremos cuando nos dice: ". . . las obras que yo hago, él las hará también; y aun mayores hará". Recordaremos que no estamos bajo la ley con su impotencia, sino bajo la gracia con su omnipotencia, que hace todo en nosotros. Volveremos a creer en Aquel que nos dijo: "Levántate, . . . y anda", y nos dio, y nosotros la recibimos, su vida como nuestra fuerza. Reclamaremos de nuevo la plenitud del Espíritu de Dios como la provisión suficiente de él para nuestra necesidad. Contaremos con que él será en nosotros el Espíritu de intercesión que nos hace uno con Cristo en su plenitud. Solamente estemos firmes, entreguémonos a Dios, como él, en él a favor de los hombres.

Entonces, entenderemos la parte que la intercesión ha de desempeñar en la obra de Dios a través de nosotros. Ya no trataremos de trabajar para Dios, ni le pediremos que apoye nuestro trabajo con su bendición. Haremos lo que hizo el amigo que salió a medianoche, lo que hizo Cristo en la tierra y lo que siempre hace en el cielo: Primero obtendremos de Dios, y luego llevaremos a los hombres lo que él nos haya dado.

Así como ocurre con Cristo, nosotros haremos que nuestra principal tarea sea la de recibir del Padre. No pensaremos que es demasiado grande el tiempo que empleemos en esto, ni la incomodidad. Nuestra entrega a los hombres estará entonces en vigor.

Siervos de Cristo e hijos de Dios, tengan ánimo. No le tengan temor a la debilidad ni a la pobreza. Pidan en el nombre de Cristo. Su nombre es él mismo, con toda su perfección y su poder. El es el Cristo viviente y él mismo hará que su nombre sea un poder en ustedes. No teman pedir en su nombre. Su promesa es una cuerda triple que no puede romperse: *"Todo lo que pidiereis . . . en mi nombre . . . os será hecho".*

12

EL DIOS MIO ME OIRA

"Por tanto, Jehová esperará para tener piedad de vosotros . . . bienaventurados todos los que confían en él . . . el que tiene misericordia se apiadará de ti; al oír la voz de tu clamor te responderá" (Isaías 30:18, 19).
"Jehová oirá cuando *yo a él clamare*" (Salmo 4:3).
"Yo te he invocado, por cuanto tú *me oirás*, oh Dios" (Salmo 17:6).
"Mas yo a Jehová miraré, esperaré al Dios de mi salvación; el Dios mío *me oirá*" (Miqueas 7:7).

EL PODER de la oración descansa en la fe de que Dios la oye. Esto es verdad en más de un sentido. Esta es la fe que le da al hombre el valor para orar. Es la que le da el poder para prevalecer delante de Dios. En el momento en que me convenzo de que Dios *también me oye*, me siento atraído a orar y a perseverar en la oración. Me siento fuerte para clamar y para recibir por fe la respuesta que Dios da. Una razón grande que explica la falta de oración es la falta de una seguridad viviente y gozosa: "El Dios mío me oirá". Sólo se necesita que los siervos de Dios logren la visión de que el Dios viviente espera concederles lo que piden y otorgar todos los dones celestiales del Espíritu que ellos necesitan, bien para ellos o para las personas a las cuales sirven. Al lograr esta visión, ellos pondrían a un lado todo, a fin de separar tiempo y hallar lugar para este poder único que puede asegurar la bendición celestial: ¡la oración de fe!

Cuando un hombre puede decir, y en efecto lo dice con fe viva: "El Dios mío me oirá", ciertamente no hay nada que pueda impedirle la oración. El sabe que lo que no puede hacer en la tierra, puede realizarlo y logrará que se haga desde el cielo. Que cada uno de nosotros se incline con quietud delante de Dios, y espere en él, hasta que se revele como el Dios que oye la oración. En su presencia se desarrollarán para nosotros los maravillosos pensamientos que giran en torno a esta verdad central.

1. *"El Dios mío me oirá"*. *¡Qué bendita certidumbre!* Tenemos la Palabra de Dios que nos la garantiza por medio de muchas promesas. Tenemos millares de testigos sobre el hecho de que ellos descubrieron que eso es cierto. Hemos tenido esa experiencia en nuestras propias vidas. El Hijo de Dios vino del cielo con el mensaje de que, si nosotros pedimos, el Padre nos dará. Tenemos a Cristo, quien oró en la tierra y fue oído. Ahora lo tenemos en el cielo donde, sentado a la diestra de Dios, intercede por nosotros. Dios oye la oración; *se deleita* en oírla. El ha permitido que su pueblo sea probado más de mil veces, para que se sientan obligados a clamar a él, y aprendan a reconocerlo como el que oye la oración.

Confesemos con vergüenza que hemos creído muy poco esta maravillosa verdad, en cuanto a recibirla realmente en el corazón y permitir que ella posea y controle todo nuestro ser. No es suficiente aceptar una verdad; el Dios viviente tiene que ser revelado por medio de ella de tal modo que pasemos toda nuestra vida en la presencia de él. Tenemos que vivir con una conciencia tan clara de esto como la que hay en un niñito hacia su padre terrrenal: Yo sé ciertamente que mi padre me oye.

Por experiencia, usted sabe que la comprensión intelectual de esta verdad le ha servido muy poco. Pídale a Dios que se le revele. Si quiere una vida diferente de oración, cada vez que va a orar, inclínese en silencio para adorar a este Dios. Espere en esa actitud hasta que sienta descanso y una profunda conciencia de la cercanía de él y de su disposición a contestar. Después de eso, puede comenzar a orar con las palabras: "El Dios mío me oirá".

2. *"El Dios mío me oirá"*. *¡Qué maravillosa gracia!* Piense en la infinita majestad de Dios, en su gloria absolutamente incomprensible, en su santidad inaccesible. El está sentado en el trono de la gracia, con la esperanza de tener piedad, y lo invita a que ore basado en su promesa: "Invócame y yo te responderé".

Piense en sí mismo, en que como criatura es nada, una incapacidad; piense en su desgracia y en sus transgresiones como pecador; en su indignidad y en su fragilidad como santo; y alabe la gloria de aquella gracia que permite que diga osadamente con respecto a la oración que hace por sí mismo y por otros: "El Dios mío me oirá".

Piense en lo que puede lograr mediante esta maravillosa intimidad con Dios. Dios lo ha unido con Cristo. En él y en su nombre, tiene confianza. Él, desde el trono, ora con usted y por usted. En el escañuelo del trono, ora con él y en él. El valor de él y el deleite que el Padre tiene al oírlo constituyen la medida de su confianza, de la seguridad de que será oído. Hay más. Cuando no sabe qué pedir como debe, piense en el Espíritu Santo, el Espíritu del propio Hijo de Dios, que está colocado en su corazón para clamar: "Abba, Padre"; y para que sea *en usted* un Espíritu de oración. Piense que, en medio de toda su insignificancia e indignidad, es aceptable como el mismo Cristo. Piense en que, a pesar de toda su ignorancia y debilidad, el Espíritu intercede dentro de usted, según Dios, y exclama: "¡Qué maravillosa gracia! Por medio de Cristo tengo acceso al Padre por el Espíritu. Puedo creer, y en efecto creo: 'El Dios mío me oirá' ".

3. *"El Dios mío me oirá". ¡Qué profundo misterio!* Hay dificultades que a veces surgen y dejan perplejo aun al corazón más sincero. Hay la pregunta relacionada con la voluntad soberana de Dios. ¿Cómo pueden nuestros deseos, a menudo tan necios, y nuestra voluntad, con frecuencia tan egoísta, dominar o cambiar la perfecta voluntad? ¿No sería mejor dejar todo a su disposición, ya que él sabe lo que es mejor y le encanta darnos lo mejor? ¿O cómo puede nuestra oración cambiar lo que ya ha determinado?

También surge la pregunta en cuanto a si es necesaria la oración perseverante, y esperar largamente la respuesta. Si Dios es amor infinito, y se deleita más en dar que nosotros en recibir, ¿por qué hay necesidad del ruego y de la lucha, o de la persistencia, y de la larga demora de la cual hablan la Escritura y la experiencia?

En medio de todo esto se levanta aun otra pregunta: Se relaciona con la multitud de oraciones aparentemente vanas y no contestadas. Cuántos han orado por sus seres amados, y éstos han muerto sin recibir la salvación. Cuántos han clamado durante años por una bendición espiritual y no les llega ninguna respuesta. El hecho de pensar en todo esto es una prueba para nuestra fe, y nos hace vacilar en cuanto a decir: "El Dios mío me oirá".

La oración, que tiene su poder en Dios, y en su fidelidad a

la promesa que hizo de oírla, es un profundo misterio espiritual. Se pueden dar algunas respuestas para eliminar algunas de las dificultades que presentan las preguntas anteriores. Pero, al fin y al cabo, lo primero y lo último que tenemos que decir es esto: Así como comprendemos poco a Dios, así podemos comprender poco uno de sus más benditos atributos: el de que él oye la oración. Es un misterio espiritual, nada menos que el misterio de la Trinidad.

Dios oye por cuanto oramos en el nombre de su Hijo, por cuanto el Espíritu Santo ora en nosotros. Si hemos creído en Cristo y reclamamos su vida como nuestra salud, y la plenitud del Espíritu Santo como nuestra fuerza, no vacilemos en creer también en el poder de nuestra oración. El Espíritu Santo puede capacitarnos para creer y regocijarnos en ello, aun cuando todas las preguntas no estén contestadas. El hará esto cuando dejemos nuestras preguntas a cargo del amor de Dios, confiemos en su fidelidad y nos entreguemos humildemente a obedecer su mandamiento de orar sin cesar.

Todo arte descubre sus secretos y su belleza sólo al hombre que lo practica. El secreto del Señor se revelará al alma humilde que ora en obediencia a la fe, que practica la oración y la intercesión de manera diligente por cuanto Dios lo pide. Entonces, la idea de que la oración es un profundo misterio, en vez de ser un problema fastidioso, será una fuente de regocijo, adoración y fe. Y en esto se oirá que se repite de manera incesante el estribillo: "El Dios mío me oirá".

4. *"El Dios mío me oirá"*. *¡Qué solemne responsabilidad!* Con frecuencia nos quejamos de las tinieblas, de la fragilidad, del fracaso, como si para eso no hubiera remedio. Sin embargo, Dios prometió, en respuesta a nuestra oración, suplirnos todo lo que necesitemos, y darnos su luz, su fuerza y su paz. ¡Si sólo comprendiéramos la responsabilidad de tener a tal Dios y tales promesas y entendiéramos que es pecado y vergüenza no aprovecharnos de ellos a lo sumo! Cuán confiados debiéramos sentirnos por el hecho de que se nos dará la gracia que hemos aceptado y en la cual hemos confiado a fin de que nos capacite para orar como debemos.

Este acceso al Dios que oye la oración tiene el propósito especial de convertirnos en intercesores a favor de nuestros semejantes. Cristo obtuvo su derecho de prevalecer en la intercesión al darse como sacrificio a Dios por los hombres, y por ese sacrificio recibe las bendiciones que él dispensa. Así mismo, si nosotros nos entregamos verdaderamente con Cristo a Dios a favor de los hombres, compartimos con Cristo el derecho de intercesión, y también podemos obtener los poderes del mundo celestial para los hombres.

El poder de la vida y de la muerte está en nuestras manos (1 Juan 5:16). En respuesta a la oración, el Espíritu Santo puede ser derramado, las almas pueden convertirse, los creyentes pueden ser establecidos. Por medio de la oración se puede vencer el reino de las tinieblas, las almas pueden salir de la cárcel y pasar a la libertad de Cristo y la gloria de Dios puede manifestarse. Por medio de la oración, la Espada del Espíritu, que es la Palabra de Dios, puede manejarse con poder; a través de ella se puede hacer que los rebeldes se inclinen a los pies de Cristo tanto en la predicación en público como en la conversación privada.

¡Qué responsabilidad la que tiene la iglesia de entregarse a la obra de intercesión! ¡Qué responsabilidad la que tiene todo ministro del evangelio, todo misionero y todo obrero evangélico, de dedicarse a la salvación de las almas, de entregarse completamente a actuar sin inhibiciones y demostrar su fe: "El Dios mío me oirá"! ¡Qué llamamiento a que todo creyente, en vez de enterrar y perder este talento, busque usarlo hasta lo sumo en oración y súplica por todos los santos y por todos los hombres. "El Dios mío me oirá". Cuanto más profunda sea nuestra penetración en la verdad de este maravilloso poder que Dios ha dado a los hombres, tanto más sincera será nuestra entrega a la obra de intercesión.

5. *"El Dios mío me oirá". ¡Qué perspectiva tan bendita!* Ahora comprendo que todos los fracasos en mi vida pasada se debieron a la falta de esta fe. Especialmente en la obra de intercesión, mi fracaso tenía su más profunda raíz en esto: Yo no vivía en la plena fe de esta bendita seguridad: *"El Dios mío me oirá"*. ¡Alabado sea Dios! Comienzo a entenderlo y a creerlo. Todo puede ser diferente. O, más bien, lo veo a *él*, creo en *él*. "El Dios mío me oirá". Sí, aun a mí.

Aunque soy común e insignificante, y ocupo un lugar tan reducido que la gente apenas se da cuenta cuando paso, aun así, tengo acceso a este infinito Dios, con la confianza de que él me oye. Como soy uno con Cristo y estoy dirigido por el Espíritu Santo, me atrevo a decir: "Oraré por otros, porque estoy seguro de que mi Dios escuchará. 'El Dios mío me oirá' ".

¡Qué bendita perspectiva la que tengo delante: Todo afán terrenal y espiritual se cambia por la paz de Dios, quien se preocupa por todos y oye la oración! ¡Qué bendita perspectiva tengo en mi obra al saber que, cuando la respuesta demora mucho y hay un llamado a tener mucha paciencia, a la oración perseverante, permanece la verdad infaliblemente segura: "El Dios mío me oirá"!

¡Qué bendita perspectiva tendría la iglesia de Cristo si nosotros le diéramos a la oración el lugar que le corresponde, si le diéramos a la fe en Dios su lugar, o más bien, si diéramos el lugar que le corresponde al Dios que oye la oración! Aquellos en quienes comienza a despertarse la urgente necesidad de la oración, ¿no deben orar principalmente por este motivo?

Cuando al principio, Dios derramó su Espíritu Santo vez tras vez sobre su pueblo que oraba, estableció la norma para todos los tiempos: En la medida en que usted ora, así recibirá del Espíritu Santo. Que cada uno que pueda decir: "El Dios mío me oirá" se una a los que hacen la ferviente súplica de que en toda la iglesia se le vuelva a conceder a esta verdad su verdadero puesto, y entonces se manifestará la perspectiva bendita: una iglesia que ora dotada con el poder del Espíritu Santo.

6. *"El Dios mío me oirá". ¡Qué necesidad de enseñanza divina!* Necesitamos esta enseñanza a fin de que nos capacite para sostener esta declaración con fe viva, y para hacer pleno uso de ella en la intercesión. Se ha dicho, aunque no se puede decir con demasiada frecuencia o con demasiada seriedad, que lo que necesita la iglesia de nuestro día es el poder del Espíritu Santo. Ya que esto es verdad desde la perspectiva divina, también podemos decir con igual veracidad desde el lado humano, que lo que se necesita es más oración, más fe y más oración perseverante.

Al hablar de la falta del poder del Espíritu, y de la condición para recibir ese poder, alguien usó la siguiente expresión: "El obstáculo no está en la línea vertical sino en la horizontal". Se debe de temer de que esté en los dos lados. Hay mucho que debe de ser confesado y quitado de nosotros, si el Espíritu Santo ha de obrar libremente. Pero el obstáculo está especialmente en la línea vertical: en la mirada hacia arriba, en la dependencia profunda, en el fuerte clamor a Dios, y en la oración eficaz de fe. Es triste reconocer que éstas son las cosas de que estamos careciendo. Y éstas son precisamente las cosas que se necesitan. Todos tenemos que esforzarnos en aprender la lección que hará posible la oración que prevalece: la lección de fe que siempre canta: *"El Dios mío me oirá"*. Aunque esto es sencillo y elemental, se necesita práctica y paciencia, tiempo y enseñanza celestial para aprender bien la lección. Con la impresión de un pensamiento brillante o de una experiencia bendita, pudiera parecer como si supiéramos la lección perfectamente. Pero vez tras vez recurrirá la necesidad de hacer de ésta nuestra primera oración: que el Dios que oye la oración nos enseñe a creer eso, y a orar como debemos.

Si deseamos que él nos dé a entender eso, podemos contar con él. El se deleita en oír la oración y contestarla. El dio a su Hijo para que éste ore por nosotros y con nosotros, y al Espíritu Santo para que ore en nosotros. Podemos estar seguros de que no hay una oración que él oiga más ciertamente que ésta: que él se manifieste de tal modo como el Dios que oye la oración que todo nuestro ser responda: *"El Dios mío me oirá"*.

13

PABLO, UN DECHADO DE ORACION

"Y el Señor le dijo: Levántate, . . . busca . . . a uno llamado Saulo, de Tarso; porque *he aquí, él ora*" (Hechos 9:11).

"Pero por esto fui recibido a misericordia, para que Jesucristo mostrase en mí el primero toda su clemencia, para ejemplo de los que habrían de creer en él para vida eterna" (1 Timoteo 1:16).

DIOS tomó a su propio Hijo, y lo constituyó como nuestro ejemplo y nuestor dechado. Algunas veces parece que el poder del ejemplo de Cristo se perdiera ante el pensamiento de que Aquel en quien no hubo pecado, no es un hombre como nosotros.

Nuestro Señor tomó a Pablo, un hombre de semejantes pasiones a las nuestras, y lo constituyó en dechado de lo que él podía hacer a favor de uno que era el primero de los pecadores. Y a Pablo, el hombre que, más que cualquier otro, ha influido en la iglesia, siempre se lo ha mencionado como un hombre modelo.

En el dominio de la verdad divina y en la enseñanza de ella, en la devoción a su Señor y en el celo que lo consumía en el servicio de él, en el hecho de que experimentó profundamente el poder del Cristo que moraba en él y la comunión de su cruz, en la sinceridad de su humildad y en la sencillez y osadía de su fe, en el entusiasmo misionero y en la capacidad para soportar: en todo esto y en mucho más, "la gracia de nuestro Señor fue más abundante" en él. Cristo dio a Pablo, y la iglesia lo ha aceptado, como un dechado de lo que Cristo quiere tener, de lo que quiere hacer. Siete veces les dice Pablo a los creyentes que lo imiten: "Por tanto, os ruego que me imitéis" (1 Corintios 4:16). "Sed imitadores de mí, así como yo de Cristo" (1 Corintios 11:1).

Palabras similares se hallan en Filipenses 3:17; 4:9;
1 Tesalonicenses 1:6; 2 Tesalonicenses 3:7–9.

Si no estudiamos a Pablo como modelo de oración ni acudimos a él, como lo hacemos en otros respectos, eso no se debe a que él no sea una prueba notable de lo que la gracia puede hacer. Tampoco se debe a que nosotros, en este respecto, no necesitamos de la ayuda de este ejemplo. El estudio de Pablo como dechado de oración nos traerá una rica recompensa de instrucción y estímulo.

Las palabras que usó nuestro Señor con respecto a Pablo cuando éste se convirtió: "he aquí, él ora", pueden tomarse como la clave de la vida de Pablo. La visión celestial que lo puso de rodillas dominó su vida siempre después de ese acontecimiento. El Cristo que está sentado a la diestra de Dios, en quien recibimos todas las bendiciones espirituales, era todo para Pablo. La oración y la expectación del poder celestial en su obra y sobre su obra, fueron el resultado simple de la fe de Pablo en el Cristo glorificado. Este poder lo obtenía directamente del cielo mediante la oración. En esto también quiso Cristo que Pablo fuera un dechado a fin de que aprendamos que, en la medida en que se conozcan la excelencia de Cristo y de sus dones y el carácter espiritual de los poderes que obran para la salvación, y en la medida en que crean, la oración se convertirá en el levantamiento espontánea del corazón hacia la única fuente de su vida. Veamos lo que sabemos de Pablo.

Los hábitos de oración de Pablo

Pablo manifiesta estos hábitos casi inconscientemente. El escribe: "Porque testigo me es Dios, . . . de que sin cesar hago mención de vosotros *siempre en mis oraciones* . . . Porque deseo veros, para comunicaros algún don espiritual, a fin de que seáis confirmados" (Romanos 1:9, 11).

"Hermanos, ciertamente *el anhelo de mi corazón, y mi oración a Dios* por Israel, es para salvación . . . que tengo gran tristeza y *continuo dolor en mi corazón*. Porque deseara yo mismo ser anatema, separado de Cristo, por amor a mis hermanos" (Romanos 10:1; 9:2, 3).

"Gracias doy a mi Dios *siempre* por vosotros, por la gracia de Dios que os fue dada en Cristo Jesús" (1 Corintios 1:4).

". . . nos recomendamos en todo como ministros de Dios, . . . en desvelos, en ayunos . . ." (2 Corintios 6:4, 5).

"Hijitos míos, por quienes *vuelvo a sufrir dolores de parto*, hasta que Cristo sea formado en vosotros" (Gálatas 4:19).

". . . *no ceso de dar gracias por vosotros, haciendo memoria de vosotros en mis oraciones"* (Efesios 1:16).

"Por esta causa *doblo mis rodillas* ante el Padre . . . para que os dé, . . . el ser fortalecidos con poder en el hombre interior por su Espíritu" (Efesios 3:14, 16).

"Doy gracias a mi Dios siempre que me acuerdo de vosotros, *siempre en todas mis oraciones rogando* con gozo . . . Porque Dios me es testigo de cómo os amo a todos vosotros con el entrañable amor de Jesucristo. Y esto pido en oración" (Filipenses 1:3, 4, 8, 9).

"*Siempre orando por vosotros,* damos gracias a Dios . . . Por lo cual también nosotros, desde el día que lo oímos, *no cesamos de orar por* vosotros, y de pedir . . ." (Colosenses 1:3, 9).

"Porque quiero que sepáis cuán *gran lucha* sostengo por vosotros, . . . y por todos los que nunca han visto mi rostro" (Colosenses 2:1).

"Damos *siempre* gracias a Dios por todos vosotros, haciendo memoria de vosotros *en nuestras oraciones"* (1 Tesalonicenses 1:2).

"Por lo cual, ¿qué acción de gracias podemos dar a Dios por vosotros . . . *orando de noche y de día con gran insistencia,* para que . . . completemos lo que falte a vuestra fe?" (1 Tesalonicenses 3:9, 10).

· "Debemos *siempre* dar gracias a Dios por vosotros . . . Por lo cual asimismo *oramos siempre* por vosotros" (2 Tesalonicenses 1:3, 11).

"Doy gracias a Dios, . . . de que *sin cesar me acuerdo de ti en mis oraciones* noche y día" (2 Timoteo 1:3).

"Doy gracias a mi Dios, *haciendo siempre memoria de ti en mis oraciones"* (Filemón 4).

Estos pasajes tomados en conjunto nos dan un cuadro del hombre cuyas palabras: "Orad sin cesar", simplemente fueron la expresión de su propia vida diaria. El tuvo una gran comprensión de la insuficiencia de la simple conversión y de la necesidad de la gracia y de hacer descender el poder del cielo por medio de la oración para los nuevos convertidos. El vio que era necesario hacer mucha oración de manera incesante, día y noche, para hacer descender esa bendición, y estaba tan seguro de que la oración la haría descender que su vida fue una oración continua y específica.

Pablo tuvo tal comprensión de que todo tenía que venir de arriba, y tal fe de que vendría como respuesta a la oración, que para él la oración no era un deber ni una carga. Era la vuelta natural del corazón hacia el único lugar en el cual era posible obtener lo que buscaba para los demás.

El contenido de las oraciones de Pablo

Es tan importante saber *lo que* Pablo pidió en oración como saber con cuánta frecuencia e intensidad lo hizo. La intercesión es una obra espiritual. Nuestra confianza en ella dependerá mucho de que sepamos que estamos pidiendo según la voluntad de Dios. Cuanto más clara sea nuestra manera de pedir las cosas celestiales, que pensamos que sólo Dios puede conceder de inmediato y que estamos seguros de que nos las otorgará, tanto más directa y urgente será la oración que haremos sólo a Dios. Mientras más imposibles sean las cosas que buscamos, más nos apartaremos del esfuerzo humano hacia la oración que haremos sólo a Dios.

En las epístolas del Nuevo Testamento, además de las ocasiones en que Pablo habla acerca de su oración, tenemos cierto número de oraciones claras en que Pablo expresa el deseo de su corazón a favor de aquellos a quienes escribe. En esto vemos que su primer deseo era siempre el de que ellos fueran establecidos en la vida cristiana. Tanto como alababa a Dios cuando oía que algunos se habían convertido, sabía lo frágiles que eran los nuevos convertidos. El sabía que no había nada que valiera para confirmarlos, sin que se hiciera descender sobre ellos, por medio de la oración, la gracia del Espíritu Santo. Si observamos algunos de los puntos principales de estas oraciones, veremos lo que él pedía y obtenía.

Consideremos las dos oraciones que se hallan en la Epístola a los Efesios: En la una pidió iluminación y en la otra fortaleza. En la primera (1:15–23), pide que el Espíritu Santo les dé sabiduría, los ilumine para que ellos comprendan su llamamiento, su herencia y la grandeza del poder de Dios que obraba en ellos. La iluminación espiritual y el conocimiento constituían su principal necesidad, y había que obtenerlos para ellos por medio de la oración.

En la última (3:14–19), él pide que el poder con que ellos habían sido guiados a conocer a Cristo obrara en ellos. Pide que sean fortalecidos con poder divino, de tal modo que realmente venga Cristo a morar en ellos, y el amor que excede a todo conocimiento, y la plenitud de Dios. Estas cosas sólo podían venir directamente del cielo; y eran las cosas que él pedía y esperaba. Si queremos aprender el arte de intercesión de Pablo, no podemos pedir nada menos para los creyentes de nuestros días.

Echemos una mirada a la oración que se halla en Filipenses 1:9–11. Allí también lo primero es el conocimiento espiritual, luego una vida irreprensible, y después, una vida fructífera para la gloria de Dios. Y esto también se menciona en la bella oración que encontramos en Colosenses 1:9–11: primero, el conocimiento espiritual y el entendimiento de la voluntad de Dios; luego, la fortaleza con todo poder para toda paciencia y gozo.

Consideremos las oraciones que aparecen en 1 Tesalonicenses 3:12, 13 y 5:23. La primera: "Y el Señor os haga crecer y abundar en amor unos para con otros . . . para que sean afirmados vuestros *corazones, irreprensibles en santidad*". La segunda: "Y el mismo Dios de paz os *santifique por completo*; y todo vuestro ser, espíritu, alma y cuerpo, sea guardado irreprensible". Las mismas palabras son tan elevadas que difícilmente las entendemos, mucho menos las creemos y aun menos experimentamos lo que significan. Pablo vivió de tal modo en el mundo celestial, y se encontraba tan cómodo con la santidad y la omnipotencia de Dios y con su amor, que tales oraciones eran la natural expresión de lo que él sabía que Dios podía y quería hacer.

". . . que sean afirmados vuestros corazones irreprensibles en santidad". "Y el mismo Dios de paz os santifique por completo". El hombre que cree estas cosas y las desea, las pedirá para otros. Todas las oraciones de él son una prueba de que él busca para ellos la misma vida del cielo en la tierra. No es extraño que él no se sienta tentado a confiar en ningún medio humano, sino que sólo la busca del cielo. Repito que, cuanto más tomemos como nuestro modelo las oraciones de Pablo, y hagamos que sus deseos sean los nuestros para los creyentes por los cuales oramos, tanto más llegará a ser la oración al Dios del cielo como nuestro pan diario.

Las solicitudes que Pablo hacía de que oraran por él

Las solicitudes que hacía Pablo de que oraran por él no son menos instructivas que sus propias oraciones por los santos. Prueban que él no considera la oración como una prerrogativa especial de un apóstol. El invita al más humilde y sencillo creyente a que ejerza su derecho. Tales solicitudes prueban que él no piensa que sólo los nuevos convertidos o los cristianos débiles necesitan oración; él mismo, como miembro del cuerpo, depende de sus hermanos y de sus oraciones.

Después de haber predicado Pablo el evangelio durante veinte años, aún pide oración para hablar como debe. Tiene que buscar la gracia a fin de que descienda del cielo para su obra, no una vez por todas, no durante algún tiempo, sino día tras día y sin cesar. Para Pablo, la única esperanza de la iglesia está en esperar en Dios de manera continua y unida. Cuando descendió el Espíritu Santo, entró en el mundo una vida celestial, la vida del Señor que estaba en el cielo. Y nada, sino la comunicación ininterrumpida con el cielo, puede mantenerla.

Oigamos cómo pide Pablo la oración, y con qué premura: "Pero *os ruego*, hermanos, por nuestro Señor Jesucristo y por el amor del Espíritu, que me ayudéis orando por mí a Dios, para que sea librado de los rebeldes que están en Judea, y que . . . con gozo llegue a vosotros por la voluntad de Dios" (Romanos 15:30–32). De manera muy notable fueron contestadas estas dos oraciones: El poder del mundo romano, que había demostrado su antagonismo contra el reino de Dios, por medio de Pilato en el caso de Cristo, y en el caso de Pedro cuando éste estuvo en la cárcel, por medio de Herodes, de repente se convirtió en protector de Pablo y le aseguró una escolta que lo llevara a Roma. Esto sólo puede explicarse teniendo en cuenta tales oraciones que Pablo solicitó.

Consideremos otras ocasiones en que Pablo solicita la oración: ". . . en quien esperamos que aún nos librará, . . . *cooperando también vosotros a favor nuestro con la oración*" (2 Corintios 1:10, 11).

". . . orando en todo tiempo con toda oración y súplica en el

Espíritu, . . . por todos los santos; y por mí, a fin de que al abrir mi boca me sea dada palabra para dar a conocer con denuedo el misterio del evangelio, . . . que con denuedo hable de él, como debo hablar" (Efesios 6:18–20).

"Porque sé que por vuestra oración y la suministración del Espíritu de Jesucristo, esto resultará en mi liberación" (Filipenses 1:19).

"Perseverad en la oración, . . . orando también al mismo tiempo por nosotros, para que el Señor nos abra la puerta para la palabra, a fin de dar a conocer el misterio de Cristo, . . . para que lo manifieste como debo hablar" (Colosenses 4:2–4).

"Hermanos, orad por nosotros" (1 Tesalonicenses 5:25).

". . . espero que por vuestras oraciones os seré concedido" (Filemón 22).

Ya vimos que Cristo oró, y enseñó a orar a sus discípulos. Vemos que Pablo oró y enseñó a las iglesias a orar. Así como el Maestro llamó, así el siervo nos llama a que creamos y demostremos que la oración es el poder tanto del ministerio como de la iglesia.

La fe de Pablo se resume en las siguientes palabras notables, relacionadas con una situación que le había causado dolor: "Porque sé que por vuestra oración y la suministración del Espíritu de Jesucristo, esto resultará en mi liberación". El dependía de su Señor en el cielo e igualmente de sus hermanos en la tierra, para asegurar la provisión de ese Espíritu Santo para él. Para Pablo, como para los doce apóstoles después del Pentecostés, el Espíritu del cielo y la oración en la tierra estaban vinculados de manera inseparable. Con frecuencia hablamos del celo, de la devoción y del poder apostólicos. Que Dios nos conceda un avivamiento de la oración apostólica.

¿Ocupa la obra de intercesión en la iglesia el lugar que debe ocupar? ¿Se entiende comúnmente en la obra del Señor que todo depende de obtener de Dios esa "suministración del Espíritu de Jesucristo" para nosotros y en nosotros, que dé a nuestra obra su poder real para bendecir? Este es el orden divino de Cristo para toda la obra: la suya y la de sus siervos. Este fue el modelo que Pablo siguió: primero acudir todos los días, sin tener nada, y recibir de Dios "la suministración del Espíritu" en la intercesión. Luego, salir a impartir lo que ha llegado del cielo.

En todas las instrucciones que nuestro Señor Jesús les dio a sus discípulos, les habló con más frecuencia acerca de la oración de ellos que de su predicación. En las palabras de despedida dijo poco acerca de la predicación, pero mucho en cuanto al Espíritu Santo, y acerca de pedir lo que ellos quisieran en el nombre de él.

Si hemos de regresar a la vida de los primeros apóstoles y de Pablo, tenemos que aceptar genuinamente la diaria verdad de que *lo primero que tengo que hacer, mi única fuerza es la intercesión*, para asegurar el poder de Dios sobre las almas que se me han encomendado. Primero tenemos que tener el valor de confesar el pecado pasado, y creer que hay liberación de él. Al principio no será fácil quebrantar los antiguos hábitos, resistir el clamor de los deberes que nos presionan por cuanto siempre han tenido prioridad, ni hacer que todos los demás llamados se subordinen a éste, si los demás lo aprueban o si no lo hacen. Pero los que son fieles, no sólo tendrán una recompensa, sino que serán benefactores de sus hermanos. ". . . serás llamado reparador de portillos, restaurador de calzadas para habitar".

¿Pero será realmente posible que aquellos que nunca han hecho frente a esta dificultad, y mucho menos la han vencido, puedan aún llegar a ser poderosos en oración? Dígame, ¿fue realmente posible para Jacob llegar a ser Israel, un príncipe que prevaleció delante de Dios? Sí, lo fue. Las cosas que son imposibles para los hombres, para Dios son posibles. ¿Ha recibido del Padre, como el gran fruto de la redención de Cristo, el Espíritu de súplica, el Espíritu de intercesión? Simplemente haga una pausa y piense en lo que significa eso. ¿Aún duda que Dios puede hacerlo un príncipe que lucha con él y vence?

Tenemos que desterrar todo temor y, con fe, reclamar la gracia para la cual tenemos al Espíritu Santo morando en nosotros: la de la súplica, de la intercesión. De manera tranquila y perseverante tenemos que creer que él vive en nosotros, y que nos capacitará para hacer el trabajo que nos corresponde. Por la fe, no debemos tener temor de aceptar y rendirnos a la gran verdad de que, como la intercesión es la gran obra del Rey que está en el trono, así *es la gran obra de sus siervos que están en la tierra*.

Tenemos al Espíritu Santo, quien trae la vida de Cristo a

nuestros corazones, a fin de prepararnos para esta obra. Comencemos de una vez y despertemos el don que está en nosotros. Cuando apartemos cada día nuestro tiempo para la intercesión, y contemos con el poder capacitador del Espíritu, crecerá en nosotros la confianza de que, según la medida de nuestra capacidad espiritual, podemos ser imitadores de Pablo, así como él fue imitador de Cristo.

14

DIOS BUSCA INTERCESORES

"Sobre tus muros, oh Jerusalén, he puesto guardas; todo el día y toda la noche no callarán jamás. Los que os acordáis de Jehová [los que sois recordadores del Señor], no reposéis, ni le deis tregua, hasta que restablezca a Jerusalén, y la ponga por alabanza en la tierra" (Isaías 62:6, 7).

"Y vio que *no había hombre,* y se maravilló que no hubiera *quien se interpusiese"* [*intercesor*] (Isaías 59:16).

"Miré, y *no había quien ayudara,* y me maravillé que no hubiera *quien sustentase"* (Isaías 63:5).

"*Nadie* hay que invoque tu nombre, que se despierte para apoyarse en ti" (Isaías 64:7).

"Y busqué entre ellos hombre que hiciese vallado y que se pusiese en la brecha delante de mí, a favor de la tierra, para que yo no la destruyese; *y no lo hallé'* (Ezequiel 22:30).

"No me elegisteis vosotros a mí, sino que yo os elegí a vosotros, y os he puesto para que vayáis y llevéis fruto, y vuestro fruto permanezca; para que todo lo que pidieres al Padre en mi nombre, él os lo dé" (Juan 15:16).

EN EL ESTUDIO de los cielos tachonados de estrellas, mucho depende de una clara comprensión de los tamaños relativos y de las magnitudes. Sin alguna comprensión del tamaño de los cuerpos celestes, que parecen tan pequeños ante nuestros ojos y, sin embargo, son tan grandes, y de la extensión casi infinita de las regiones en que ellos se mueven, aunque a nosotros nos parezcan muy cercanas y conocidas, no puede haber un verdadero conocimiento del mundo celestial ni de su relación con la tierra. Y así también ocurre con los cielos espirituales y la vida celestial a la cual somos llamados. Especialmente esto es así en la vida de intercesión, esa maravillosa interacción entre el cielo y la tierra. Todo depende del correcto entendimiento de las magnitudes, o de la importancia relativa del reino espiritual.

Pensemos en las tres magnitudes que se presentan primero:

Hay un mundo cuyas necesidades dependen enteramente de la intercesión y que espera recibir la ayuda en este respecto; hay un Dios en el cielo, con su provisión absolutamente suficiente para todas las necesidades, quien está esperando que se las pidan; hay una iglesia que tiene su magnífica vocación y sus magníficas promesas, que está esperando despertar para comprender su asombrosa responsabilidad y su extraordinario poder.

Dios busca intercesores. En el mundo hay millones de individuos que perecen. La intercesión es su única esperanza. Gran parte del amor que se manifiesta y del trabajo que se realiza son comparativamente vanos, por cuanto hay muy poca intercesión. Miles de millones de individuos viven como si el Hijo de Dios nunca hubiera muerto por ellos. Millones de ellos pasan todos los años sin esperanza a las tinieblas de afuera. De los millones de individuos que llevan el nombre de cristianos, la gran mayoría vive en absoluta ignorancia e indiferencia.

Millones de cristianos débiles y enfermizos, millares de trabajadores del evangelio que se hallan agotados pudieran ser bendecidos por la intercesión, pudieran ayudarse mutuamente para llegar a ser poderosos en la intercesión. Las iglesias y las misiones sacrifican la vida y el trabajo, a menudo, con pocos resultados, por la falta de intercesión. Las almas, cada una de las cuales vale más que mundos, no valen menos que el precio que la sangre de Cristo pagó por ellas. Ellas están al alcance del poder que puede lograrse mediante la intercesión. Ciertamente no tenemos ninguna idea de la magnitud de la obra que deben hacer los intercesores de Dios; de lo contrario clamaríamos a Dios que, por encima de todo, nos diera del cielo el espíritu de intercesión.

Dios busca intercesores. Hay un Dios de gloria capaz de satisfacer todas estas necesidades. Se nos dice que él se deleita en la misericordia, que espera para ser bondadoso, que anhela derramar su bendición. El amor que entregó al Hijo a la muerte es la medida del amor que a cada momento flota en el aire sobre todo ser humano. Pero aún así no puede evitarlo. Los individuos perecen, sólo en la China perecen por millones cada año. Es como si Dios no se moviera.

Si Dios ama tanto y anhela bendecir, tiene que haber alguna razón inescrutable para que él se retenga. ¿Qué puede ser? La

Biblia dice: "Por vuestra poca fe". La razón es la falta de fe y la consecuente infidelidad del pueblo de Dios. El tomó a los de su pueblo para que fueran participantes con él; los honró y se obligó a sí mismo, al hacer que las oraciones de ellos constituyan una norma para medir la obra del poder de él. La falta de intercesión es una de las causas principales de la carencia de bendición. ¡Oh, que volviéramos los ojos y el corazón de todo lo demás y los fijáramos en este Dios que oye la oración, hasta que la magnificencia de sus promesas, de su poder y de su propósito de amar nos sobrecogieran! Toda nuestra vida y nuestro corazón se transformarían en intercesión.

Dios busca intercesores. Hay una tercera magnitud ante la cual tienen que abrirse nuestros ojos: el privilegio estupendo y el poder de los intercesores. Hay una falsa humildad, que hace del desprecio del individuo mismo una virtud, por cuanto nunca ha visto tal humildad su absoluta insignificancia. Si tal individuo comprendiera eso, nunca se disculparía por su fragilidad, sino que se gloriaría en su absoluta debilidad, como la condición para que el poder de Cristo repose sobre él. Tal individuo se juzgaría a sí mismo, su poder y su influencia delante de Dios en oración, tan pequeño por lo que ve o siente, como consideramos el tamaño del sol o de las estrellas por lo que podemos ver con nuestros ojos.

La fe considera al hombre creado a imagen y semejanza de Dios como el representante de Dios en este mundo y que tiene dominio sobre él. La fe ve al hombre redimido y levantado en unión con Cristo, que permanece en él, que se identifica con él, e investido con el poder de la intercesión. La fe ve que el Espíritu Santo mora y ora en el corazón, y por medio de nuestras súplicas, intercede por nosotros según la voluntad de Dios. La fe ve la intercesión de los santos como parte de la vida de la Trinidad: el creyente como hijo de Dios pide al Padre, en el nombre del Hijo, por medio del Espíritu Santo. La fe ve algo de la aptitud y de la belleza divinas en este esquema de la salvación a través de la intercesión, y despierta el alma a la conciencia de su asombroso y maravilloso destino. Luego, la fe ciñe al alma con la fortaleza para que acepte el llamado al bendito sacrificio de sí misma.

Dios busca intercesores. Cuando Dios sacó a su pueblo de Egipto, separó a la tribu sacerdotal, para que se acercara a él, estuviera delante de su presencia, y bendijera al pueblo en su nombre. De tiempo en tiempo, buscó intercesores, los halló y los honró, por medio de los cuales él salvó a su pueblo y lo bendijo. Cuando nuestro Señor ascendió al cielo, dijo al círculo íntimo de amigos que se habían reunido en su torno, los cuales tenían especial devoción por el servicio, que pertenecían a un círculo íntimo al cual aún hay libre acceso para todo discípulo: "... yo os elegí a vosotros, y os he puesto ... para que todo lo que pidieres al Padre en mi nombre, él os lo dé".

Ya hemos notado las maravillosas palabras: "todo cuanto pidiereis al Padre en mi nombre, os lo dará", las cuales repitió seis veces. En esas palabras, Cristo colocó los poderes del mundo celestial a la disposición de los discípulos, no para el uso egoísta de ellos, sino para los intereses del reino. Sabemos que ellos usaron este poder de manera maravillosa. Desde ese tiempo, a través de las edades, los apóstoles han tenido sus sucesores, hombres que han demostrado cuán ciertamente obra Dios en respuesta a la oración.

Podemos alabar a Dios porque en nuestros días también hay un número siempre creciente de personas que comienzan a comprender y a demostrar que en la iglesia y en la misión, en las grandes sociedades y en los círculos pequeños, en el esfuerzo individual, la intercesión es lo principal: el poder que mueve a Dios y abre el cielo. Están aprendiendo y anhelan aprender más. Desean que todos aprendan, que en la obra a favor de las almas, la intercesión ocupe el primer lugar. Los que con el poder del Espíritu Santo han recibido del cielo lo que han de comunicar a otros están mejor capacitados para hacer la obra del Señor.

Dios busca intercesores. Dios tenía sus siervos escogidos en Israel: Escogió guardas que clamaran día y noche, y no le dieran tregua. Sin embargo, con frecuencia, tenía que preguntarse y quejarse de que no hubiera intercesores, ninguno que se despertara para apoyarse en la fortaleza de Dios.

En nuestro día, él aún espera y se maravilla de que no haya más intercesores, de que todos sus hijos no se entreguen a esta suprema y santísima labor. Se sorprende de que los muchos que sí lo hacen, no se empeñen en esa obra de manera más intensa y perseverante. Se maravilla de que los ministros de su evangelio se quejan de que sus responsabilidades no les permiten apartar tiempo para esto; considera que él debe ser lo primero para ellos, lo más sublime, lo más deleitoso, la única obra eficaz. El se maravilla de que sus hijos, que han abandonado el hogar y los amigos por su causa y la del evangelio, se quedan tan cortos en lo que él quiso que fuera su fortaleza permanente: el recibir diariamente todo lo que necesitan para impartir a los paganos que están en las tinieblas. Se maravilla de que las multitudes de sus hijos casi no tengan ningún concepto de lo que es la intercesión. Se asombra de otras multitudes más que han aprendido cuál es su deber, y tratan de obedecerlo, pero confiesan que saben muy poco de apoyarse en Dios y de prevalecer delante de él.

Dios busca intercesores. El anhela dispensar mayores bendiciones. Anhela revelar su poder y gloria como Dios, y demostrar su amor salvador de manera más abundante. El busca intercesores en mayor número y con mayor poder para que preparen el camino del Señor. El los busca. ¿Dónde podrá buscarlos, sino en su iglesia? ¿Y cómo espera hallarlos? El encomendó a la iglesia la tarea de hablar acerca de la necesidad de su Señor, la tarea de estimular a las personas, a entrenarlos y prepararlos para su santo servicio. El siempre regresa a buscar fruto, a buscar intercesores.

En su Palabra, Dios habló acerca de la viuda "que en verdad es viuda y ha quedado sola, espera en Dios, y es diligente en súplicas y oraciones noche y día". El trata de ver si la iglesia está preparando el gran ejército de hombres y mujeres de edad, cuyo tiempo de trabajo material ha pasado, pero que pueden engrosar el ejército de "sus escogidos, que claman a él día y noche".

Dios mira hacia la gran hueste de jóvenes que se han entregado mediante solemne promesa a obedecer al Señor Jesucristo a toda costa, y se pregunta cuántos están siendo entrenados para ir más allá de la brillantez del culto de oración semanal y de su confesión de lealtad, para pasar a engrosar el ejército de intercesores secretos que ha de salvar las almas.

Dios mira hacia los millares de jóvenes y señoritas que se están preparando para la obra del ministerio y para las misiones, y se queda mirándolos con anhelo para ver si la iglesia les está enseñando que la intercesión, el hecho de tener poder delante de Dios, tiene que ser su primera responsabilidad.

Dios mira para ver si los pastores y los misioneros están

entendiendo su oportunidad y preparando a los creyentes de sus congregaciones para que sean de aquellos que están "cooperando también" por medio de sus oraciones, y *esforzándose con ellos en sus oraciones*. Como Cristo busca a la oveja perdida hasta hallarla, Dios busca intercesores (vea Apéndice 6).

Dios busca intercesores. El no quiere, no puede, quitar la obra de las manos de su iglesia. Por tanto, viene a llamar y a rogar de muchas maneras. Tal vez por medio de un hombre a quien él levanta para que viva por fe en su servicio y para que demuestre de qué manera real y abundante Dios contesta la oración; en otra oportunidad, por medio de la historia de una iglesia que hace de la oración a favor de las almas su punto de comienzo, y da testimonio sobre la fidelidad de Dios; algunas veces por medio de una misión que demuestra que la oración especial puede satisfacer necesidades especiales y hacer descender el poder del Espíritu Santo; otras veces por medio de una temporada de avivamiento que viene como respuesta a la súplica urgente y unida. De estas maneras, y de muchas otras, Dios nos muestra lo que puede hacer la intercesión. El nos ruega que despertemos y preparemos a su gran hueste a fin de que sea, cada uno de ellos, un pueblo de intercesores.

Dios busca intercesores. El envía a sus siervos a llamarlos. Que los pastores hagan que éste sea una parte de su deber. Que conviertan a su iglesia en una escuela para enseñar la intercesión. Que le den al pueblo motivos definidos de oración. Que los animen a apartar tiempo definido para la intercesión, aunque sea sólo diez minutos por día. Que los ayuden a entender la osadía que pueden tener delante de Dios. Que los enseñen a esperar las respuestas a la oración. Que les enseñen lo que es orar primero y recibir la respuesta en secreto, y luego llevar la respuesta e impartir y esparcir la bendición a otros. Que le digan a todo el que sea dueño de su propio tiempo que él es como los ángeles, que tiene la libertad de esperar ante el trono, y luego, de salir y servir a los herederos de la salvación. Que hagan resonar las benditas noticias de que este honor es para todo el pueblo de Dios. No hay diferencia. Esa joven que trabaja en el servicio doméstico, este jornalero, ese inválido que está postrado en su lecho, la hija que se encuentra en el hogar de la madre, estos hombres y jóvenes que están en los negocios; todos son llamados y todos son necesarios. Dios busca intercesores.

Dios busca intercesores. El hecho de que los pastores se encarguen de la obra de buscar intercesores y prepararlos, los desafiará a ellos mismos a orar más. Cristo dio a Pablo para que fuera un dechado de su gracia, antes de convertirlo en un predicador de ella. Bien se ha dicho: "El primer deber de un clérigo consiste en pedir humildemente que todo lo que él quiere que Dios haga en su pueblo, se haga primero de manera veraz y plena en él mismo". El esfuerzo para comunicar este mensaje de Dios puede causar mucho escudriñamiento de corazón y humillación. Eso es mucho mejor. La mejor práctica para hacer una cosa consiste en ayudar a otros para que la hagan.

Oh, siervos de Cristo, que están colocados como guardas para clamar a Dios día y noche, despertemos a la comprensión de nuestro santo llamado. Creamos en el poder de la intercesión. Practiquémosla. A favor de nuestro pueblo, busquemos conseguir del mismo Dios el Espíritu Santo y la vida que predicamos. Al entregar nuestro espíritu y nuestra vida a Dios en intercesión, el Espíritu y la vida que Dios les da a través de nosotros, no puede dejar de ser también una vida de intercesión.

15

EL AVIVAMIENTO VENIDERO

"¿No volverás a darnos vida, para que tu pueblo se regocije en ti?" (Salmo 85:6)

"Oh Jehová, aviva tu obra en medio de los tiempos" (Habacuc 3:2).

"Si anduviere yo en medio de la angustia, tú me vivificarás; . . . y me salvará tu diestra" (Salmo 138:7).

"Yo habito . . . con el quebrantado y humilde de espíritu, para hacer vivir el espíritu de los humildes, y para vivificar el corazón de los quebrantados" (Isaías 57:15).

"Venid y volvamos a Jehová; porque él arrebató, y nos curará . . . Nos dará vida" (Oseas 6:1, 2).

UNO OYE hablar con frecuencia acerca del "avivamiento que ha de venir". Hay muchos maestros que ven señales de que se acerca y con confianza anuncian su pronta aparición. El incremento del interés en la obra misionera, las noticias de los avivamientos de jóvenes que se reúnen en los grupos cristianos; las puertas abiertas por todas partes, tanto en el mundo cristiano como en el pagano; las victorias ya ganadas en los campos que están blancos para la siega, dondequiera que entran los obreros cristianos que creen y tienen esperanza. Todo fortalece la seguridad de que se acerca un tiempo de poder y bendición como nunca lo hemos experimentado. La iglesia está a punto de entrar en una nueva era de creciente espiritualidad y de extendimiento mayor.

Hay otros que, aunque admiten la verdad de algunos de estos hechos, aún temen que las conclusiones que se sacan de ellos son unilaterales y prematuras. Ven que aumenta el interés en las misiones, pero señalan que están confinadas a un pequeño círculo, y que están absolutamente fuera de proporción con lo que debieran ser.

Para la gran mayoría de los miembros de la iglesia y para la mayor parte de ella, este asunto no es sino una pregunta vital.

Nos recuerdan que la mundanalidad y la formalidad tienen poder; que hay un creciente espíritu de hacer dinero y de amor al placer entre los que profesan el cristianismo, la falta de espiritualidad en muchísimas de nuestras iglesias, y un alejamiento continuo y aparentemente creciente de las multitudes: Se alejan del día de Dios y de su Palabra. Todo esto lo presentan como prueba de que el gran avivamiento ciertamente no ha comenzado, y la mayoría casi no piensan en él. Dicen que ellos no ven la profunda humillación, el deseo intenso, la oración ferviente que aparecen como precursores de todo verdadero avivamiento. Hay errores, tanto de un lado como del otro, que son igualmente peligrosos. Tenemos que buscar evadir tanto el optimismo superficial, que nunca puede medir el alcance del mal, como el desesperado pesimismo, que no puede alabar a Dios por lo que ha hecho ni confía en lo que está dispuesto a hacer. El primero se perderá en una feliz felicitación a sí mismo quien se regocija en el celo, la diligencia y el aparente éxito. Nunca ve la necesidad de la confesión, ni de un gran esfuerzo en la oración, antes de que estemos preparados para hacer frente a las fuerzas de las tinieblas y vencerlas. El otro virtualmente entrega el mundo a Satanás, y casi pide a Dios que las cosas empeoren y se regocija por ello, para apresurar la venida de Aquel que ha de enderezar todo.

Que Dios nos guarde de caer en cualquiera de los dos errores, y cumpla la promesa: "Entonces tus oídos oirán a tus espaldas palabra que diga: Este es el camino, andad por él; y no echéis a la mano derecha, ni tampoco torzáis a la mano izquierda". Pongamos atención a las lecciones que nos sugieren los pasajes citados; ellas pueden ayudarnos a hacer la oración correcta: "Oh Jehová, aviva tu obra".

1. *"Oh Jehová, aviva tu obra"*. Volvamos a leer los versículos bíblicos que encabezan este capítulo. Vemos que ellos contienen un pensamiento: El avivamiento es obra de Dios, sólo él puede darlo, tiene que venir de arriba. Frecuentemente, estamos en peligro de mirar hacia lo que Dios ha hecho y está haciendo, y contar eso como una garantía de que de inmediato hará más. Sin embargo, él puede estar bendiciéndonos según la medida de nuestra fe o de nuestro sacrificio, y no puede darnos una medida mayor hasta que hayamos descubierto algo nuevo y confesemos aquello que le está estorbando. Podemos estar mirando

hacia todas las señales de la vida y de lo bueno que nos rodea, y felicitándonos por las organizaciones y agencias que se están creando. Entretanto, no sentimos la necesidad del poder y de la interposición directa de Dios, ni se cultiva la completa dependencia en él.

Todos reconocemos que la regeneración, la concesión de la vida divina, es un acto de Dios, un milagro de su poder. La restauración o avivamiento de la vida divina en un alma o en una iglesia es igualmente una obra sobrenatural. Para tener el discernimiento espiritual que puede entender las señales de los cielos, y predecir la venida de un avivamiento, necesitamos penetrar profundamente en la mente y en la voluntad de Dios, con respecto a las condiciones de dicho avivamiento y a la preparación de aquellos que oran para que se produzca o que han de ser usados para producirlo. "Porque no hará nada Jehová el Señor, sin que revele su secreto a sus siervos los profetas". Dios es quien da el avivamiento; Dios es quien revela su secreto; el espíritu de absoluta dependencia en él, que le da el honor y la gloria es el que prepara para el avivamiento.

2. *"Oh Jehová, aviva tu obra"*. Una segunda lección sugerida por los pasajes bíblicos anotados es que el avivamiento que Dios ha de dar vendrá en respuesta a la oración. Tiene que pedirse y ser recibido directamente del mismo Dios.

Los que saben algo de la historia de los avivamientos recordarán con cuánta frecuencia se ha demostrado esto: tanto los avivamientos grandes como los locales, al averiguar su origen, se ha descubierto que comenzaron por medio de una oración especial. En nuestro propio tiempo, hay muchas congregaciones y misiones en que hay avivamientos especiales o permanentes, todo para la gloria de Dios, los cuales están relacionados con la oración de fe sistemática. El avivamiento que ha de venir no será la excepción. Un extraordinario espíritu de oración, que impulse a los creyentes a mucha oración secreta y unida, que los apremie a "orar encarecidamente" en sus súplicas, será una de las señales más seguras de que se aproximan lluvias y diluvios de bendición.

Que todos los que sienten la carga de la falta de espiritualidad, del bajo estado de la vida de Dios en los creyentes, oigan el llamado que nos viene a todos. Si ha de haber avivamiento, —un avivamiento poderoso y divino, se necesitará de nuestra parte la correspondiente sinceridad en oración y fe.

Que ningún creyente piense que él es demasiado débil para ayudar, ni imagine que a él no se le echará de menos. Si él sólo comienza, el don que está en él se despertará de tal modo que será el intercesor escogido por Dios para su círculo o para su vecindario.

Pensemos en la necesidad de las almas en todos los pecados y fallas que hay entre el pueblo de Dios, en el poco poder que hay en la mayoría de las predicaciones. Luego, comencemos a clamar todos los días: "¿No volverás a darnos vida, para que tu pueblo se regocije en ti?" Tengamos la siguiente verdad grabada profundamente en nuestros corazones: Todo avivamiento viene tal como ocurrió con el Pentecostés, como fruto de la oración unida y continua. El avivamiento que viene tiene que comenzar con un gran avivamiento en la oración. En la cámara, con la puerta cerrada, será donde ha de oírse primero el sonido de la lluvia abundante. El aumento de la oración secreta en los ministros de Dios y en los miembros de la iglesia, será la indicación segura de la bendición.

3. *"Oh Jehová, aviva tu obra"*. Una tercera lección que nos enseñan nuestros textos es que el avivamiento está prometido para los humildes y contritos. Queremos que el avivamiento venga sobre los orgullosos y sobre los que se satisfacen consigo mismos, a quebrantarlos y salvarlos. Dios hará esto, pero sólo con la condición de que aquellos que ven el pecado de otros y lo sienten, tomen la carga de confesión que les corresponde a ellos y la lleven.

Todos los que piden fe y reclaman que Dios les dé el poder de avivamiento para la iglesia, tienen que humillarse y confesar sus pecados. La necesidad de avivamiento siempre indica que hubo una anterior declinación, y ésta fue causada siempre por el pecado. La humillación y la contrición han sido siempre las condiciones para el avivamiento. En toda intercesión, un elemento esencial es la confesión del pecado del hombre y del justo juicio de Dios.

Esto lo vemos continuamente a través de la historia de Israel. Así quedó demostrado en las reformas que se produjeron bajo la dirección de los reyes piadosos de Judá. Lo oímos en las oraciones de hombres como Esdras, Nehemías y Daniel. En Isaías, Jeremías y Ezequiel, igual que en los profetas menores, es la clave de toda la advertencia y también de toda promesa. Si no hay humillación y abandono del pecado, no puede haber avivamiento ni liberación. ". . . estos hombres han puesto sus ídolos en su corazón. ¿Acaso he de ser yo en modo alguno consultado por ellos?"". . . pero miraré a aquel que es pobre y humilde de espíritu, y que tiembla a mi palabra". Entre las más bondadosas promesas de castigo divino está siempre esta nota: "avergonzaos y cubríos de confusión por vuestras iniquidades, casa de Israel".

En el Nuevo Testamento hallamos el mismo énfasis. El Sermón del Monte promete el reino a los pobres y a los que lloran. En las epístolas de Pablo a los corintios y a los gálatas, se expone y se denuncia la religión del hombre que tiene sabiduría del mundo y confía en la carne; sin que esta religión se confiese y se abandone, todas las promesas de la gracia y del Espíritu Santo serán vanas.

En las epístolas dirigidas a las siete iglesias de Asia, hay cinco iglesias de las cuales Dios, de cuya boca sale la espada aguda de dos filos, dice que tiene algo contra ellas. En cada una de estas epístolas, la palabra clave de su mensaje, que no va dirigido a los no convertidos, sino a la iglesia, es: "Arrepiéntete". Todas las gloriosas promesas que contiene cada una de estas epístolas comparten una condición, hasta la invitación: ". . . si alguno . . . abre la puerta . . . entraré a él", y la promesa: "Al que venciere le daré que se siente conmigo en mi trono". Todo depende de una palabra: ¡*Arrepiéntete!*

Si ha de haber un avivamiento, no entre los no salvos, sino en nuestras iglesias, para que sus miembros sean santos y espirituales, ¿no es necesario que se oiga ese sonido de trompeta: *Arrepiéntete?* ¿Fue sólo en Israel, en el tiempo del ministerio de los reyes y los profetas, cuando hubo tanto mal en el pueblo de Dios que tenía que ser limpiado? ¿Sólo a la iglesia del primer siglo tuvieron que hablar con duras palabras Pablo, Santiago y el mismo Señor?

¿No hay en la iglesia de nuestros días una idolatría para el dinero, para el talento y para la cultura, un espíritu mundano, que la hace infiel a su único Esposo y Señor, una confianza en la carne que ofende y resiste al Espíritu Santo de Dios? ¿No hay casi en todas partes la confesión de la falta de espiritualidad y de poder espiritual?

Que todos los que anhelan que venga el avivamiento, y buscan apresurarlo por medio de sus oraciones, pidan a Dios por encima de todo que prepare a sus profetas para que vayan delante de él en cumplimiento a su mandato: "Clama a voz en cuello, no te detengas; alza tu voz como trompeta, y anuncia a mi pueblo su rebelión".

Todo profundo avivamiento entre el pueblo de Dios tiene que tener sus raíces en una profunda comprensión y confesión del pecado. Mientras que aquellos que han de conducir a la iglesia por el camino del avivamiento no den fiel testimonio contra los pecados de la iglesia, se debe temer que el avivamiento encuentre a las personas sin preparación. Los hombres preferirían tener un avivamiento como consecuencia de sus agencias y de su progreso. El camino de Dios es el opuesto. Dios resucita de la muerte, reconocida como la recompensa del pecado, confesada como la absoluta impotencia. El revive el corazón del contrito.

4. *"Oh Jehová, aviva tu obra"*. Hay un pensamiento final, que lo sugiere el texto de Oseas. Cuando nosotros nos *volvamos al Señor*, vendrá el avivamiento. Porque si no nos hubiéramos apartado de él, su vida estaría entre nosotros con poder. "Venid y volvamos a Jehová; porque él arrebató, y nos curará; hirió, y nos vendará . . . nos resucitará, y viviremos delante de él".

Como ya dijimos, si no fuera por la comprensión o la confesión de que andamos vagando, no puede haber regreso al Señor. La clave del avivamiento tiene que ser: *"Volvamos a Jehová"*. Reconociendo y abandonando cualquier cosa en la iglesia que no haya estado enteramente de acuerdo con su mente y con su Espíritu Santo, volvámonos. Entreguémonos y echemos fuera cualquier cosa que haya habido en nuestra religión procedente del poder de los dos grandes enemigos de Dios: la confianza en la carne y el espíritu del mundo, y volvámonos. Con el reconocimiento de que Dios tiene que querernos a nosotros de una manera indivisible, para llenarnos con su Espíritu, y usarnos para el reino de su Hijo, volvámonos. ¡Volvamos con la entrega de una dependencia y una devoción que no tengan medida, sino que sean derecho absoluto de aquel que es el Señor! Con todo nuestro corazón, regresemos, y pidámosle que él nos haga completamente suyo y así nos mantenga. El nos resucitará, y viviremos delante de él. Volvamos al Dios del Pentecostés, así como Cristo guió a sus discípulos para que volvieran a él, y el Dios del Pentecostés volverá a nosotros.

Para este regreso al Señor se necesita la gran obra de la intercesión. El avivamiento que ha de venir tiene que hallar su fuerza en ella. Comencemos como individuos a suplicar en secreto a Dios; confesemos lo que veamos de pecado o de obstáculo en nosotros o en los demás. Si no hubiera ningún otro pecado, ciertamente la falta de oración es una razón suficiente para arrepentirnos, confesar esa falta y volver al Señor.

Tratemos de fomentar en los que nos rodean el espíritu de confesión, de súplica y de intercesión; ayudemos a estimular y a preparar a los que piensan que son demasiado débiles; levantemos nuestra voz para proclamar las grandes verdades. El avivamiento tiene que venir de arriba. Tiene que recibirse de arriba por fe, pero hay que hacerlo descender por medio de la oración. El avivamiento viene a los humildes y contritos, para que ellos lo lleven a los demás.

Si nosotros nos volvemos al Señor con todo nuestro corazón, él nos reavivará. Sobre aquellos que comprenden estas verdades reposa la solemne responsabilidad de entregarse para compartir y llevar a cabo estas cosas.

Cuando cada uno de nosotros pida un avivamiento en toda la iglesia, clamemos también a Dios a favor de nuestro vecindario o de nuestra esfera de trabajo. Que haya grandes escudriñamientos de corazón en todo pastor y obrero del evangelio, en cuanto a si están listos a dar tal tiempo y fuerza a la oración como Dios quiere. Así como en público son líderes de círculos grandes o pequeños, que también en secreto tomen sus lugares en la fila del frente de la gran hueste de intercesores. Tienen que prevalecer delante de Dios para que el gran avivamiento y los diluvios de bendición vengan. Que ninguno de los que hablan sobre avivamiento, o piensan en él, o lo anhelan, se retenga en esta gran obra de rogar de manera sincera, intensa y definida: "Oh Jehová, aviva tu obra . . . ¿No volverás a darnos vida?"

Volvámonos al Señor. El nos reavivará. Continuemos conociendo al Señor. ". . . como el alba está dispuesta su salida, y vendrá a nosotros como la lluvia, como la lluvia tardía y temprana a la tierra". Amén. Así sea.

APENDICES

Apéndice 1

Hoy he estado aconsejando a una misionera muy sincera que trabaja en la India. Ella confiesa la falta de oración y se lamenta por ello. Pero insiste en que, por lo menos en la India, difícilmente puede ser de otro modo. Uno sólo tiene las horas de la mañana, desde las seis hasta las once para trabajar. Algunos han intentado levantarse a las cuatro de la mañana a fin de tener el tiempo que piensan que necesitan, pero han sufrido y se han rendido. Algunos han tratado de apartar tiempo para la oración después del almuerzo, y los han encontrado dormidos de rodillas. Uno no es su propio señor, y tiene que actuar con los demás. Nadie que no haya estado en la India puede entender esta dificultad; no se puede conseguir tiempo suficiente para interceder mucho.

Si esta dificultad sólo existiera en el calor de la India, uno pudiera quedarse en silencio. Pero ¡ay! en el más crudo invierno en Londres, y en el moderado clima de Africa del Sur, en todas partes existe la misma dificultad. Tan pronto como realmente pensemos que *la intercesión es la parte más importante de nuestra obra*, y que asegurar la presencia y el poder de Dios en medida plena es lo esencial, nuestro primer deber, todas nuestras horas de trabajo se subordinarán a la intercesión.

¡Que Dios nos muestre a todos si hay una dificultad insuperable de la cual somos responsables, o si sólo es un error que cometemos o un pecado con el cual lo afligimos a él e impedimos la obra de su Espíritu Santo!

Si hacemos la pregunta que una vez le hiciera George Muller a un cristiano que se quejaba de que no podía hallar tiempo suficiente para el estudio de la Palabra de Dios y la oración: si una hora menos de trabajo, dedicada a que su alma estuviera en la plena luz de Dios, con lo cual sólo le quedarían cuatro horas de labor, no le daría más prosperidad y eficacia que cinco horas con una conciencia deprimida por la infidelidad y la pérdida del poder que se podría obtener en la oración; la respuesta no sería difícil. Cuanto más pensamos en esto, más sentimos que, cuando los obreros cristianos sinceros y piadosos, contra su mejor voluntad, permiten que la incesante ocupación y la fatiga que ella produce, sobrecarguen lo espiritual, eso tiene que suceder por causa de que la vida espiritual no es suficientemente fuerte en ellos para hacer que las cosas menores esperen hasta que se haya logrado plenamente la presencia de Dios en Cristo y el poder del Espíritu Santo.

Oigamos lo que Cristo dice: "Dad, pues, a César lo que es de César, y a Dios lo que es de Dios". Que el deber y el trabajo tengan su lugar, "y a Dios lo que es de Dios". Que la adoración en el Espíritu, la completa dependencia de Dios y la continua espera en él para experimentar plenamente su presencia y su poder todos los días, y la fuerza de Cristo que obre en nosotros, ocupen siempre el primer lugar. La pregunta total es sencillamente la que sigue: ¿Ha de ocupar Dios el lugar, el amor, la confianza y el tiempo para la comunión personal que él reclama de tal modo que toda nuestra labor sea lo que Dios hace en nosotros?

Apéndice 2

Permítaseme narrar aquí una historia que aparece en una de las obras del doctor Boardman. El había sido invitado por una señora de buena posición, bien conocida como persona de éxito entre los subordinados de su esposo, para que les dirigiera la palabra. "Y luego, agregó ella, quiero hablarle un poco acerca de mi propia esclavitud". Después que él hubo dirigido la palabra a la congregación que ella había reunido, y descubrió que muchos de ellos habían sido llevados a Cristo por medio de ella, se preguntaba cuál sería la dificultad que tendría. Pronto se lo dijo.

Dios había bendecido la obra, pero sentía mucho decir que había perdido el gozo que una vez había tenido con la Palabra de Dios y en la oración secreta. Ella se había esforzado a lo sumo para que le volviera ese gozo, pero había fallado.

—¡Ah, ésa es precisamente su equivocación —le dijo él.

—¿Y eso por qué? ¿No debo hacer lo mejor para que se me quite esa frialdad?

—Dígame —le respondió él—, ¿para ser salva, hizo lo mejor?

—¡Ah, no! Durante largo tiempo traté de hacer eso, pero sólo hallé descanso cuando dejé de tratar y confié en Cristo.

—Eso es lo que usted necesita ahora. Entre en su cámara en la hora señalada, por más desanimada que se sienta, y colóquese delante de su Señor. No trate de despertar una intensidad que no siente. Dígale tranquilamente que él ve cómo todo anda mal, cuán desesperada se siente. Luego, confíe en que la bendecirá. El lo hará. Mientras usted confía tranquilamente, su Espíritu obrará.

Esta sencilla historia puede enseñar a muchos cristianos la más bendita lección sobre la vida de oración. Usted ha aceptado la oferta que le hizo Cristo Jesús, de sanarlo y darle la fortaleza para andar en vida nueva; ha reclamado que el Espíritu Santo sea en usted el Espíritu de súplica y de intercesión; pero no se maraville si sus sentimientos no cambian todos de inmediato, o si el poder para la oración no viene en la manera como a usted le gustaría. Es una vida de fe. Por fe recibimos el Espíritu Santo y todas sus obras. La fe no tiene en cuenta lo que ve ni los sentimientos, sino que reposa, aun cuando parece no haber poder para orar, en la seguridad de que el Espíritu Santo está orando en nosotros cuando nos inclinamos con quietud delante de Dios.

El que espera así con fe, y honra al Espíritu Santo, y se entrega a él, pronto descubrirá que la oración comienza a venirle. Y el que persevera en la fe de que por medio de Cristo y por su Espíritu, cada oración, por más frágil que sea, es aceptable a Dios, aprenderá la lección de que es posible ser enseñado por el Espíritu Santo y ser dirigido para andar como es digno del Señor, agradándole en todo.

Apéndice 3

Sólo ayer otra vez, tres días después de la conversación que mencioné en la nota anterior, me encontré con una misionera consagrada procedente del interior. Durante una conversación sobre la oración, ella observó:

—Pero realmente es imposible hallar tiempo para orar como deseamos.

—El tiempo es una cantidad que se acomoda a nuestra voluntad —fue lo único que pude responder. Para aquello que nuestros corazones realmente consideran de *primera importancia* en el día, pronto tendremos el éxito de hallar tiempo.

Realmente tiene que ser que el ministerio de intercesión nunca se ha colocado ante nuestros estudiantes en las escuelas teológicas, como la parte más importante de la obra de su vida. Hemos pensado que nuestro real deber es la obra de predicar o visitar, y que la oración es un medio subordinado para hacer esta obra con éxito. ¿No se cambiaría totalmente esta posición, si consideráramos el ministerio de intercesión como lo principal? *¿Conseguir la bendición y el poder de Dios para las almas que se nos han encomendado?* Entonces nuestra obra tomaría el lugar que le corresponde, y llegaría a estar subordinada a una de las bendiciones que hemos recibido de Dios para dispensar a otros.

Cuando el amigo que salió a medianoche, en respuesta a una petición, hubo recibido del otro todo lo que necesitaba, fue cuando pudo suplir las necesidades de su amigo hambriento. La obra difícil fue la intercesión, eso de salir a importunar; regresar al hogar con la provisión fue una obra fácil y regocijada. Este es el orden divino de Cristo para toda nuestra obra: primero acudir, con absoluta pobreza todos los días, y por medio de la intercesión, conseguir la bendición de Dios. Luego, salir con gozo a impartirla.

Apéndice 4

Permítaseme repetir que ningún libro me ha ayudado tanto en lo que se refiere a la comprensión del lugar que le corresponde al Espíritu Santo y su obra en la redención, como *Power of the Spirit** por William Law.

El dice que el único objeto de Dios era morar en el hombre, y hacerlo partícipe de su bondad y gloria. Este modo de vivir Dios mismo en el hombre y obrar en él le da a uno la clave de lo que realmente significa el Pentecostés y el hecho de que Dios envió el Espíritu de su Hijo a nuestros corazones. Significa que Cristo, en el nombre de Dios, vuelve a ganar y a tomar posesión

---

* Editado por Andrew Murray, publicado por Bethany House Publishers.

del hogar que había creado para sí mismo. Es Dios mismo penetrando en las profundidades secretas de nuestra naturaleza para producir allí "así el querer como el hacer" para que hagamos "lo que es agradable delante de él por Jesucristo".

Cuando esta verdad entra en nosotros, entendemos que no hay ni puede haber nada bueno en nosotros, excepto lo que Dios haga. Es entonces cuando nos llega la luz sobre el misterio divino de la oración, y creemos que el Espíritu Santo alienta dentro de nosotros los deseos que Dios cumplirá cuando nosotros nos entreguemos a ellos, y con fe los presentemos a Dios en el nombre de Cristo.

Igualmente maravillosa y prevaleciente como la intercesión y la oración que pasan del Hijo encarnado al Padre celestial es nuestra relación con Dios. Cuando el Espíritu, quien es Dios, alienta en nosotros las oraciones y en medio de nuestras flaquezas hace las peticiones divinas originadas en el cielo, ¡qué cosa tan celestial llega a ser la oración!

La última parte del libro de Law consiste de extractos de sus cartas. El que aparte tiempo para leer y dominar la sencilla pero profunda enseñanza que esos extractos contienen, puede ser maravillosamente fortalecido con la confianza que se necesita, si hemos de orar mucho y con osadía. Cuando aprendamos que el Espíritu Santo está dentro de nosotros para revelar a Cristo y para hacernos partícipes de su muerte, de su vida, de su mérito, de su disposición, de tal modo que él sea formado en nosotros, comenzaremos a comprender cuán divinamente correcto y cierto es que nuestras intercesiones en el nombre de él tienen que ser oídas. Su propio Espíritu mantiene la unión viviente con él mismo, en cuyo nombre nos acercamos a Dios, y nos da la osadía para acercarnos. Lo que mencioné superficialmente en el capítulo que se refiere al Espíritu de súplica, adquirirá nuevo significado; y el ejercicio de la oración, una nueva atracción. Su solemne y divino misterio nos humillará; su indecible privilegio nos levantará con fe y adoración.

Apéndice 5

Hay una pregunta, la más profunda de todas, en la cual no he mencionado en este libro. He hablado de la falta de oración en un individuo cristiano como un síntoma de una enfermedad.

Pero, ¿qué diremos del hecho de que hay un fracaso tan extendido en cuanto a dedicar la debida proporción de tiempo y fuerza a la oración? Debemos pensar si no necesitamos preguntarnos: "¿Cómo es posible que la iglesia de Cristo, que está dotada con el Espíritu Santo, no pueda preparar a sus pastores, obreros y miembros para que coloquen primero lo que es primero? ¿Por qué se oye la confesión de que hay muy poca oración, y el llamamiento a hacer más oración, de manera frecuente, y, sin embargo, el mal continúa?"

El Espíritu de Dios, el Espíritu de súplica e intercesión, está en la iglesia y en todo creyente. Ciertamente tiene que haber algún otro espíritu de gran poder que resiste e impide al Espíritu de Dios. Así es en realidad. El espíritu del mundo, que a pesar de todas sus actividades bellas y aun religiosas, es el espíritu del dios de este mundo, es el gran inconveniente. Todo lo que se hace en la tierra, dentro o fuera de la iglesia, lo hace alguno de estos dos espíritus.

Lo que en la persona es la carne, en la humanidad es el espíritu del mundo. Todo el poder que la carne tiene en la persona se debe al lugar que se le da al espíritu de este mundo en la iglesia y en la vida cristiana. El espíritu del mundo es el gran inconveniente para el espíritu de oración. Todos nuestros llamados más sinceros a que los hombres oren más serán vanos, a menos que se reconozca este mal, se combata y se domine. El creyente cristiano y la iglesia tienen que estar completamente libres del espíritu del mundo.

¿Cómo se hace esto? No hay sino un camino: la cruz de Cristo, "por quien el mundo, dice Pablo, me es crucificado a mí, y yo al mundo". Sólo por medio de ésta la muerte podemos librarnos de su espíritu. La separación tiene que ser vital y total. Sólo por medio de la aceptación de nuestra crucifixión con Cristo podemos vivir esta confesión; y crucificados para el mundo, mantener la posición de irreconciliable hostilidad contra cualquier cosa que proceda de su espíritu y no del Espíritu de Dios. Sólo el mismo Dios, mediante su poder divino, puede guiarnos y mantenernos diariamente muertos al pecado y vivos para Dios en Cristo Jesús. La cruz, con su vergüenza y la separación del mundo, con su muerte a todo lo que es de la carne y del yo, es el único poder que puede dominar el espíritu del mundo.

He sentido tan vigorosamente que esta verdad necesita ser

afirmada de nuevo, que espero, si a Dios le place, publicar un libro titulado *The Cross of Christ* que será un estudio de lo que la Palabra de Dios enseña con respecto a nuestra participación con Cristo en su crucifixión. Cristo oró cuando iba en camino hacia la cruz. Oró por sí mismo. Oró en la cruz. Y siempre ora como resultado de la cruz. Cuando la iglesia vive en la cruz, y la cruz vive en la iglesia, se le dará el espíritu de oración. En Cristo, el espíritu de crucifixión y de muerte fue la fuente del espíritu de intercesión y de poder. Para nosotros tampoco puede haber otra manera.

Apéndice 6

Con frecuencia he hablado sobre la necesidad de preparar a los cristianos para la obra de la intercesión. Anteriormente hice la pregunta en cuanto a si, en nuestra enseñanza teológica, se da atención a la oración como la parte más importante, y en algunos sentidos la más difícil para la cual se están preparando los estudiantes. Me he preguntado si podría ser posible ofrecer a aquellos estudiantes que estén dispuestos, un curso de entrenamiento, con ayuda en el sentido de indicaciones y sugerencias en cuanto a lo que se necesita para dar a la oración el lugar y el poder que le corresponde y que debe tener en nuestro ministerio.

Como regla general, en la vida del estudiante se tiene que formar el carácter para los años futuros, y se debe influir en la iglesia del futuro, influyendo en el actual mundo estudiantil. Si Dios me permite llevar a cabo un plan que aún no está muy maduro, quiero publicar un libro titulado *The Student's Prayer Manual*. En éste se combinaría la enseñanza bíblica en cuanto a lo que más se necesita para que nosotros seamos hombres de oración, con instrucciones prácticas que ayuden al joven cristiano a prepararse para dedicar con éxito su vida al servicio de Dios, a cultivar un espíritu y un hábito de oración tales que permanezcan con él a través de su vida y de sus labores venideras.

ORAD SIN CESAR

(Un curso de 31 días)

Ayudas para la intercesión

"Orando en todo tiempo con toda oración y súplica en el Espíritu, y velando en ello con toda perseverancia y súplica por todos los santos; y por mí" (Efesios 6:18, 19).

"Exhorto ante todo, a que se hagan rogativas, oraciones, peticiones y acciones de gracias, por todos los hombres; por los reyes y por todos los que están en eminencia . . ." (1 Timoteo 2:1, 2).

"Orad unos por otros" (Santiago 5:16).

ORAD SIN CESAR. ¿Quién puede hacer esto? ¿Cómo puede hacerlo la persona que está rodeada por los afanes de la vida diaria? ¿Cómo puede una madre amar a su hijo sin cesar? ¿Cómo puede un párpado proteger el ojo sin cesar? ¿Cómo puedo respirar y sentir y oír sin cesar? Porque todas éstas son las funciones de una vida natural saludable. Y así, si la vida espiritual ha de ser saludable, y ha de estar bajo el pleno poder del Espíritu Santo, la oración sin cesar será natural.

Orad sin cesar. ¿Se refiere esto a actos continuos de oración, en los cuales debemos perseverar hasta que obtengamos lo que pedimos, o al espíritu de oración que debe animarnos todo el día? Incluye las dos cosas. El ejemplo de nuestro Señor Jesús nos muestra esto. Tenemos que entrar en nuestro aposento para pasar ratos especiales en oración; algunas veces debemos perseverar allí en oración importuna. También debemos todo el día andar en la presencia de Dios, con todo el corazón puesto en las cosas celestiales. Sin ratos definidos de oración, el espíritu de oración se volverá pesado y débil. Sin la oración continua, los ratos definidos no servirán de nada.

Orad sin cesar. ¿Se refiere esto a la oración por nosotros mismos, o por los demás? Tanto a los unos como a los otros. Por el hecho de que muchos se confinan a sí mismos fallan en esta práctica. Sólo cuando la rama se entrega para llevar fruto, más fruto, mucho fruto, puede tener una vida saludable y esperar un rico flujo de savia. La muerte de Cristo lo llevó al lugar de intercesión perpetua. Su muerte con él, al pecado y al yo, lo libra del cuidado de sí mismo, y lo eleva a la dignidad de intercesor: uno que puede conseguir vida y bendición de Dios para otros. Comprenda su vocación; comience esta obra que le corresponde. Entréguese totalmente a ella, y pronto descubrirá algo de lo que significan las palabras: "Orando en todo tiempo".

Orad sin cesar. ¿Cómo puedo aprender a hacer eso? La mejor manera de aprender a hacer una cosa consiste en *hacerla* —de hecho, es la única manera. Comience apartando algún tiempo todos los días, digamos diez o quince minutos, en los cuales le dice a Dios y se dice a sí mismo que ahora acude a él como intercesor a favor de otros. Puede ser después de su tiempo de oración por la mañana o por la noche, o en cualquiera otra hora. Si no puede apartar el mismo tiempo todos los días, no se aflija. Sólo preocúpese por hacerlo. Cristo lo escogió y lo designó para que ore por otros.

Si al principio no siente ninguna premura especial, ni fe, ni poder en sus oraciones, no permita que eso le sirva de obstáculo. Háblele tranquilamente a su Señor Jesús acerca de su debilidad; crea que el Espíritu Santo está en usted para enseñarle a orar. Esté seguro de que, si comienza, Dios le ayudará. Dios no puede ayudarlo, a menos que comience y continúe.

Orad sin cesar. ¿Cómo sabe por cuáles cosas debe orar? Tan pronto como comience y piense en todas las necesidades que hay alrededor suyo, pronto descubrirá suficientes motivos de oración. Pero, para ayudarle, escribí esta sección con temas e indicaciones para la oración durante un mes. Tiene el propósito de que la usemos mes tras mes, hasta que aprendamos a seguir de manera más completa la dirección del Espíritu, y hayamos aprendido, si es necesario, a hacer nuestra propia lista de temas, y podamos prescindir de la que aquí se da. Con respecto al uso de estas ayudas, tal vez sean necesarias unas pocas palabras.

1. *Cómo orar.* Note que para cada día hay dos encabezamientos: "Qué pedir" y "Cómo orar". Si sólo se dieran los temas, se pudiera caer en la rutina de mencionar nombres y cosas delante de Dios, y esta obra se convertiría en una carga. Las

indicaciones que aparecen bajo el encabezamiento: "Cómo orar", tienen el propósito de recordar la naturaleza espiritual de la obra, la necesidad de la ayuda divina. Ellas estimularán la fe en la certidumbre de que Dios, por medio del Espíritu, nos dará la gracia para orar correctamente, y también oirá nuestra oración. Uno no aprende de una vez a ocupar su lugar corporalmente y a creer con osadía que será oído.

Aparte unos pocos momentos cada día para oír la voz de Dios, que le recordará cuán ciertamente será oído, y que lo llamará a orar con fe en su Padre, a reclamar la bendición y a recibirla. Y permita que estas palabras acerca de la manera de orar, también penetren en su corazón y ocupen sus pensamientos en otras oportunidades. La obra de intercesión es la gran obra de Cristo en la tierra, que se le encomendó a él, por cuanto se dio en sacrificio a Dios por los hombres. La obra de intercesión es la más grande que un cristiano puede hacer. Entréguese usted mismo en sacrificio a Dios por los hombres, y esa obra llegará a ser también su gloria y su gozo.

2. *Qué pedir.* La Escritura nos invita a orar por muchas causas: por todos los hombres, por los reyes y gobernantes, por todos los que están en adversidad, para que Dios envíe obreros, por los que trabajan en el evangelio, por todos los convertidos, por los creyentes que han caído en pecado, los unos por los otros en nuestros propios círculos inmediatos. La iglesia es ahora muchísimo más grande que cuando se escribió el Nuevo Testamento; el número de las formas de trabajo y de clases de trabajadores es mucho más amplio. Las necesidades de la iglesia y del mundo se conocen mucho mejor, tanto que tenemos que apartar tiempo y reflexionar para ver dónde se necesita más la oración y hacia qué se inclina más nuestro corazón.

Los llamados bíblicos a la oración exigen un corazón amplio que incluya a todos los santos, a todos los hombres, todas las necesidades. En estas ayudas se ha hecho el intento de indicar cuáles son los temas principales que necesitan oración, y que deben interesar a todo cristiano.

Muchos pensarán que es difícil orar por esferas tan amplias como las que se mencionan algunas veces. Entiéndase que, en cada caso, podemos interceder de manera especial por nuestro propio círculo de interés que aparece bajo cada encabezamiento. Y casi no es necesario decir que, donde aparece un tema de interés más especial, o de más urgencia que otro, tenemos la libertad, durante algún tiempo, de tomar día tras día dicho tema. Si el tiempo se dedica sólo a la intercesión, y se cultiva el espíritu de la intercesión con fe, se logrará el objetivo. Aunque, por una parte, el corazón tiene que ensancharse algunas veces para incluir todo, cuanto más precisa y definida sea nuestra oración tanto mejor. Teniendo esto presente, se deja espacio en el cual puede escribir peticiones especiales que desee presentar delante de Dios.

3. *Las respuestas a la oración.* Se ha publicado más de una libreta en que los cristianos pueden llevar un registro de sus peticiones, y anotar cuando reciben la respuesta. En cada página se ha dejado lugar para esto, de tal modo que se puedan registrar peticiones más definidas relacionadas con almas individuales o con esferas especiales de trabajo, y se espere la respuesta. Cuando oramos por todos los santos, o por la obra misionera en general, es difícil saber cuándo o cómo es respondida nuestra oración, o si nuestra oración ha cumplido algún papel para producir la respuesta. Es de suma importancia que comprobemos que Dios nos oye, y que con este fin anotemos las respuestas que esperamos, cuando lleguen. El día cuando se ora por todos los santos, concrétese a los santos de su congregación, o a aquellos con los cuales se reúne para orar, y pida que se produzca un avivamiento entre ellos. En relación con las misiones, ore de manera especial por algún campo misionero, o por algún individuo misionero en quien esté interesado, o por más de uno, y suplique para ellos la bendición. Espere la respuesta y búsquela para que pueda alabar a Dios.

4. *Círculos de oración.* Al publicar esta invitación a la intercesión, no hay el deseo de añadir otra organización a las muchas uniones o grupos que ya existen para la oración. El objeto principal es el de despertar a numerosos cristianos que, por causa de que ignoran su llamamiento o por la incredulidad en cuanto a que la oración puede mucho, toman una parte muy pequeña en la obra de intercesión; y luego, ayudar a aquellos que sí oran, a fin de que adquieran una comprensión más plena de la grandeza de esta obra y de la necesidad de entregar toda su fuerza a ella.

Hay un círculo de oración que solicita oración el primer día de cada mes para que haya una manifestación más completa del poder del Espíritu Santo en toda la iglesia. Yo doy las palabras de esa invitación como tema para el primer día, y tomo la misma idea como clave a través de todo el curso. Cuanto más piensa uno en la necesidad y en la promesa, y en lo grandes que son los obstáculos que hay que vencer en la oración, tanto más siente que ésa tiene que ser la obra de nuestra vida, día tras día, a la cual tienen que subordinarse todos los demás intereses.

Pero, aunque no estamos formando una amplia alianza de oración, se sugiere que pudiera ser útil tener pequeños círculos de oración que se unan para orar, bien durante un mes, para un objeto especial que se presente diariamente junto con los demás, o a través de un año o más, con el propósito de fortalecerse mutuamente en la gracia de la intercesión. Si el pastor invitara a los hermanos que viven cerca de su casa a que se unieran para hacer algunas peticiones especiales junto con los temas de oración que aparecen impresos, o un grupo de los miembros más sinceros de su congregación se unieran en oración a favor de un avivamiento, de ese modo se podría entrenar a algunos para que asumieran su puesto en la gran obra de intercesión, los cuales ahora están ociosos porque "nadie los ha ocupado".

5. *Y para estas cosas, ¿quién es suficiente?* Cuanto más estudiamos y tratamos de practicar esta gracia de la intercesión, tanto más llegamos a sentirnos sobrecogidos por su grandeza y por nuestra debilidad. Que cada una de esas impresiones nos lleve a oír las palabras: "Bástate mi gracia"; y a responder fielmente: "nuestra suficiencia proviene de Dios".

Anímese, usted está llamado a tomar parte en la intercesión de Cristo. De él es todo: el triunfo y la victoria, la carga y la agonía. Aprenda de él, entréguese a su Espíritu Santo, para que sepa cómo orar. El se dio en sacrificio a Dios por los hombres, para tener el derecho y el poder de la intercesión. ". . . habiendo él llevado el pecado de muchos, y orado por los transgresores".

Que su fe repose osadamente en la obra que él consumó. Que su corazón se identifique completamente con él en su muerte y en su vida. Como él, entréguese a Dios en sacrificio por los hombres. Esa es su más alta nobleza, es su verdadera y plena unión con él. Eso será para usted, como lo es para él, su poder de intercesión.

Entregue su corazón y su vida a la intercesión, y experimentará su bendición y su poder. Dios no pide nada menos; el mundo no necesita nada menos; Cristo no pide nada menos; no permitamos que algo menos sea lo que ofrezcamos a Dios.

Día 1

Qué pedir: el poder del Espíritu Santo

"... para que os dé, ... el ser fortalecidos con poder en el hombre interior por su Espíritu" (Efesios 3:16).

"... les mandó que ... esperasen la promesa del Padre" (Hechos 1:4).

"Ore por la manifestación más plena de la gracia y de la energía del bendito Espíritu de Dios, en la remoción de todo lo que es contrario a la voluntad revelada de Dios, de tal modo que no contristemos al Espíritu Santo, sino que él obre con mayor poder en la iglesia, para la exaltación de Cristo y la bendición de las almas".

Dios ha hecho una promesa a su exaltado Hijo, y por medio de él. Nuestro Señor tiene un don para su iglesia. La iglesia tiene una necesidad. Toda oración se une en una petición: el poder del Espíritu Santo. Haga de esa petición su propia oración.

Cómo orar: como un hijo le pide a su padre

"¿Qué padre de vosotros, si su hijo le pide pan, le dará una piedra? ... ¿cuánto más vuestro Padre celestial dará el Espíritu Santo a los que se lo pidan?" (Lucas 11:11, 13).

Pida de manera tan sencilla y confiada como un niño pide pan. Podrá hacerlo porque "Dios envió a vuestros corazones el Espíritu de su Hijo, el cual clama: ¡Abba, Padre!" Este Espíritu está en usted para darle la confianza de hijo. Con la fe de la oración que él hace, pida el poder del Espíritu Santo para todas partes. Mencione lugares y grupos donde desea especialmente que se manifieste.

Peticiones especiales

_____

_____

_____

_____

_____

_____

_____

_____

Día 2

Qué pedir: el Espíritu de súplica

"... el Espíritu mismo intercede por nosotros" (Romanos 8:26).
"Y derramaré ... espíritu ... de oración" (Zacarías 12:10).

La evangelización del mundo depende ante todo de un avivamiento de oración. Mucho más profunda que la necesidad de hombres, sepultada en el fondo de nuestra vida sin espíritu, es la necesidad de aquel secreto olvidado de la oración universal que prevalece.

Todo hijo de Dios tiene al Espíritu Santo en él para orar. Dios espera dar el Espíritu en medida plena. Pida para sí mismo, y para todos los que se reúnen con usted, el derramamiento del Espíritu de oración. Pídalo para su propio círculo de oración.

Cómo orar: en el Espíritu

"... orando en todo tiempo con toda oración y súplica en el Espíritu ..." (Efesios 6:18).
"... orando en el Espíritu Santo" (Judas 20).

El día de su resurrección, nuestro Señor dio a sus discípulos el Espíritu Santo a fin de capacitarlos para esperar su pleno derramamiento el día de Pentecostés. Sólo con el poder del Espíritu Santo que ya está en nosotros, cuando lo reconocemos y nos rendimos a él, podemos orar para que él se manifieste más plenamente. Digamos al Padre: "El Espíritu de tu Hijo en mí es el que me impulsa a pedir que se cumpla tu promesa".

Peticiones especiales

_____
_____
_____
_____
_____
_____
_____
_____
_____
_____
_____
_____

Día 3

Qué pedir: por todos los santos

". . . orando en todo tiempo con toda oración y súplica en el Espíritu, y velando en ello con toda perseverancia y súplica por todos los santos" (Efesios 6:18).

Cada miembro del cuerpo está interesado en el bienestar de todo el cuerpo, y existe para ayudar y completar a los demás. Los creyentes en Cristo constituyen un cuerpo, y deben orar, no tanto por el bienestar de su propia iglesia o sociedad, sino, ante todo, por todos los santos. Este amor grande y altruista es la prueba de que el Espíritu de Cristo y su amor los están enseñando a orar. Oremos primero por todos los creyentes y luego, por los que nos rodean.

Cómo orar: en el amor del Espíritu

"En esto conocerán todos que sois mis discípulos, si tuviereis amor los unos con los otros" (Juan 13:35).

". . . que también ellos sean uno . . . para que el mundo crea que tú me enviaste" (Juan 17:21).

"Pero os ruego, hermanos, por nuestro Señor Jesucristo y por el amor del Espíritu, que me ayudéis orando por mí a Dios" (Romanos 15:30).

"Y ante todo, tened entre vosotros ferviente amor" (1 Pedro 4:8).

Si hemos de orar tenemos que amar. Digámosle a Dios que amamos a todos sus santos; digámosle que amamos especialmente a todos sus hijos que conocemos. Oremos con ferviente amor, en el amor del Espíritu.

Peticiones especiales

_____

_____

_____

_____

_____

_____

_____

_____

_____

_____

_____

Día 4

Qué pedir: el Espíritu de santidad

Dios es Santo. Su pueblo es un pueblo santo. El habla: "Yo soy santo. Yo soy Jehová que os santifica". Cristo oró: "Santifícalos en tu verdad; tu palabra es verdad". Pablo oró: "Y el Señor os haga crecer . . . irreprensibles en santidad". "Y el mismo Dios . . . os santifique por completo".

Ore por todos los santos, los santos de Dios, en toda la iglesia, para que el Espíritu de santidad reine en ellos. Especialmente, ore por los recién convertidos. Ore por los santos de su propia vecindad o de su congregación. Ore por cualesquiera hermanos en los cuales esté especialmente interesado. Piense en la necesidad especial de ellos, en su debilidad o en su pecado, y pida a Dios que los santifique.

Cómo orar: Confiando en la omnipotencia de Dios

Lo que para los hombres es imposible, para Dios es posible. Piense en las grandes cosas que pedimos, en la poca probabilidad de que nos vengan, en nuestra propia significación. La oración no sólo es desear o pedir, sino también creer y aceptar. Quédese quieto delante de Dios y pídale que le ayude a conocerlo como el Todopoderoso, y deje sus peticiones en las manos de Aquel que hace maravillas.

Peticiones especiales

_____

_____

_____

_____

_____

_____

_____

_____

_____

_____

_____

_____

_____

_____

Día 5

Qué pedir: que el pueblo de Dios sea guardado del mundo

"... Padre santo, a los que me has dado, guárdalos en tu nombre ... No ruego que los quites del mundo, sino que los guardes del mal. No son del mundo, como tampoco yo soy del mundo" (Juan 17: 11, 15, 16).

La última noche que Cristo pasó con sus discípulos, pidió tres cosas: que fueran guardados como individuos que no son del mundo; que fueran santificados, y que fueran uno en amor. Lo mejor que puede hacer es orar las mismas palabras de Jesús. Pida que el pueblo de Dios sea separado del mundo y de su espíritu; que, por el Espíritu Santo, vivan como personas que no son del mundo.

Cómo orar: con confianza en Dios

"Amados, si nuestro corazón no nos reprende, confianza tenemos en Dios; y cualquiera cosa que pidiéremos la recibiremos de él, porque guardamos sus mandamientos, y hacemos las cosas que son agradables delante de él" (1 Juan 3:21, 22).

Aprenda estas palabras de memoria. Guárdelas en su corazón. Unase a las filas de los que, con Juan, se acercan a Dios con un corazón confiado, que no los condena, que tiene confianza en Dios. Con este espíritu, ore por su hermano que peca (1 Juan 5:16). Con la tranquila confianza de un hijo obediente, ore por sus hermanos que pudieran estar dando lugar al pecado. Ore para que todos sean guardados del mal. Y diga con frecuencia: "Lo que pedimos, lo recibimos, porque guardamos y hacemos".

Peticiones especiales

_____

_____

_____

_____

_____

_____

_____

Día 6

Qué pedir: el espíritu de amor en la iglesia

". . . para que sean uno, así como nosotros somos uno. Yo en ellos, y tú en mí . . . para que el mundo conozca que tú me enviaste, y que los has amado a ellos como también a mí me has amado . . . para que el amor con que me has amado, esté en ellos, y yo en ellos" (Juan 17:22, 23, 26).
". . . el fruto del Espíritu es amor" (Gálatas 5:22).

Los creyentes son uno en Cristo, así como él es uno con el Padre. El amor de Dios reposa sobre ellos, y puede morar en ellos. Ore para que el poder del Espíritu Santo produzca este amor en los creyentes de tal modo que el mundo vea y conozca el amor de Dios en ellos. Ore mucho por esto.

Cómo orar: como uno que se acuerda de Dios

"Sobre tus muros, oh Jerusalén, he puesto guardas; todo el día y toda la noche no callarán jamás. Los que os acordáis de Jehová, no reposéis" (Isaías 62:6).

Estudie estas palabras hasta que toda su alma se llene de esta conciencia: Soy escogido como intercesor. Entre en la presencia de Dios con esa fe. Estudie las necesidades del mundo con este pensamiento: Mi obra es interceder. El Espíritu Santo me enseñará qué debo pedir y cómo debo orar. Tenga esta conciencia de manera permanente: La gran obra de mi vida, como la de Cristo, es la intercesión: orar por los creyentes y por los que aún no conocen a Dios.

Peticiones especiales

_____
_____
_____
_____
_____
_____
_____
_____
_____
_____

Día 7

Qué pedir: el poder del Espíritu Santo sobre los ministros del evangelio

"Pero os ruego, . . . que me ayudéis orando por mí a Dios" (Romanos 15:30).

". . . aún nos librará, . . . cooperando también vosotros a favor nuestro con la oración" (2 Corintios 1:10, 11).

¡Qué hueste tan grande de pastores hay en la iglesia de Cristo! Ellos tienen una gran necesidad de oración. ¡Qué poder tendrían si todos estuvieran investidos con el poder del Espíritu Santo! Ore específicamente para que sean investidos de ese poder; anhele eso. Piense en su propio pastor, y pida esa bendición especial para él. Relacione todo pensamiento acerca del ministerio, en su pueblo, o en su vecindario, o en el mundo, con la oración para que todos sean llenos del Espíritu Santo. Pida para ellos que se les cumpla la promesa: ". . . quedaos . . . hasta que seáis investidos de poder desde lo alto". ". . . recibiréis poder, cuando haya venido sobre vosotros el Espíritu Santo".

Cómo orar: en secreto

"Mas tú, cuando ores, entra en tu aposento, y cerrada la puerta, ora a tu Padre que está en secreto" (Mateo 6:6).

". . . volvió a retirarse al monte él solo" (Juan 6:15; Mateo 14:23).

Aparte tiempo y comprenda, cuando esté a solas con Dios: Aquí estoy ahora, cara a cara con Dios, para interceder por sus siervos. No piense que no tiene influencia, ni que su oración no hará falta. Su oración y su fe establecerán la diferencia. Clame en secreto a Dios a favor de sus ministros.

Peticiones especiales

_____

_____

_____

_____

_____

_____

_____

_____

_____

Día 8

Qué pedir: el Espíritu para todos los obreros cristianos

". . . cooperando también vosotros a favor nuestro con la oración, para que por muchas personas sean dadas gracias a favor nuestro" (2 Corintios 1:11).

¡Qué multitudes de obreros cristianos trabajan en nuestras iglesias y misiones, con los trabajadores de los ferrocarriles y con los carteros, con nuestros soldados y marineros, con nuestros jóvenes y señoritas, con los hombres y mujeres que han caído, con los pobres y los enfermos! ¡Alabado sea Dios por esto! ¡Cuánto pudieran realizar ellos, si cada uno estuviera viviendo con la plenitud del Espíritu Santo! Ore por ellos; y así se hace partícipe de la obra que ellos hacen, y alabará a Dios cada vez que oiga acerca de una bendición en cualquier parte.

Cómo orar: con peticiones específicas

"¿Qué quieres que te haga?" (Lucas 18:41).

El Señor sabía lo que el hombre quería y, sin embargo, le preguntó. La expresión de nuestro deseo le da sentido a la transacción que estamos haciendo con Dios, y así despierta nuestra fe y expectación. Sea específico en sus peticiones, a tal punto que sepa qué respuesta puede esperar. Piense en la gran hueste de obreros cristianos, y pida de manera definida que Dios los bendiga, y espere la bendición en respuesta a las oraciones de su pueblo. Luego, pida de manera aun más específica por los obreros del Señor que están cerca de usted. La intercesión no consiste en alentar deseos piadosos; su meta es, por medio de la oración perseverante y de fe, recibir y hacer descender la bendición.

Peticiones especiales

_____

_____

_____

_____

_____

_____

_____

_____

Día 9

Qué pedir: el Espíritu de Dios para la obra misionera

"Ministrando éstos al Señor, y ayunando, dijo el Espíritu Santo: Apartadme a Bernabé y a Saulo . . . Entonces, habiendo ayunado y orado, les impusieron las manos y los despidieron" (Hechos 13:2, 3).

La evangelización del mundo depende, ante todo, de un avivamiento de oración. Mucho más profunda que la necesidad de hombres, que está sepultada en el fondo de nuestra vida sin espíritu, es la necesidad de aquel secreto olvidado de la oración universal que prevalece.

Ore para que la obra misionera se complete con este espíritu: esperando en Dios, oyendo la voz del Espíritu Santo, enviando hombres por medio de la oración y el ayuno. Ore para que nuestras iglesias, nuestro interés misionero y nuestra obra misionera tengan el poder del Espíritu Santo y de la oración. La iglesia que ora y está llena del Espíritu Santo es la que envía misioneros llenos del Espíritu, poderosos en oración.

Cómo orar: apartando tiempo para ello

". . . Mas yo oraba" (Salmo 109:4).

"Y nosotros persistiremos en la oración" (Hechos 6:4).

"No te des prisa con tu boca, ni tu corazón se apresure a proferir palabra delante de Dios" (Eclesiastés 5:2).

El tiempo es una de las principales normas que indican el valor que les damos a las cosas. El tiempo que dedicamos es una prueba del interés que tenemos.

Necesitamos pasar tiempo con Dios: para comprender su presencia; para esperar que él se haga conocer; para considerar y sentir las necesidades por las cuales estamos rogando; para ocupar nuestro lugar en Cristo; para orar hasta que podamos creer que hemos recibido. Aparte tiempo para la oración, y por medio de la oración, haga descender la bendición sobre la obra misionera de la iglesia.

Peticiones especiales

Día 10

Qué pedir: el Espíritu de Dios para nuestros misioneros

".. . pero recibiréis poder, cuando haya venido sobre vosotros el Espíritu Santo, y me seréis testigos . . . hasta lo último de la tierra" (Hechos 1:8).

Hoy el mundo no sólo necesita más misioneros, sino también el derramamiento del Espíritu de Dios sobre todos aquellos a quienes el Señor ha enviado a trabajar para él en el campo extranjero. Dios siempre da a sus siervos un poder igual a la obra que les demanda. Pensemos en la grandeza y en la dificultad de esta labor, la de echar a Satanás de sus fortalezas, y oremos para que todos aquellos que tienen parte en ella reciban y hagan toda la obra que les corresponde con el poder del Espíritu Santo. Piense en las dificultades de los misioneros, y ore por ellos.

Cómo orar: con confianza en la fidelidad de Dios

". . . porque fiel es el que prometió . . . porque creyó que era fiel quien lo había prometido" (Hebreos 10:23; 11:11).

Piense en las promesas que Dios hizo a su Hijo con respecto a su reino; en las que le hizo a la iglesia en relación con los paganos; en las que hizo a sus siervos relacionadas con la obra de ellos; en las que le hizo a usted con respecto a la oración. Luego, ore con la seguridad de que él es fiel y que sólo espera la oración y la fe para cumplirlas. "Fiel es el que os llama, [a orar], el cual también lo hará".

Luego, piense en los misioneros de manera individual, hágase uno con ellos, y ore hasta que sepa que ha sido oído. ¡Comience a vivir para el reino de Cristo como lo único para lo cual vale la pena vivir!

Peticiones especiales

_____
_____
_____
_____
_____
_____
_____

Día 11

Qué pedir: más obreros para la viña del Señor

"Rogad, pues, al Señor de la mies, que envíe obreros a su mies" (Mateo 9:38).

¡Qué extraordinario llamado del Señor a que sus discípulos le ayuden a conseguir la provisión necesaria! ¡Qué honor se le concede a la oración! ¡Qué prueba de que Dios quiere la oración y de que la oirá!

Ore por los obreros, por todos los estudiantes que están en los seminarios teológicos, por los centros de entrenamiento, por los institutos bíblicos; para que no vayan a menos que él los haga aptos y los envíe; para que las iglesias enseñen a sus estudiantes a que busquen el ser enviados por el Espíritu Santo; para que todos los creyentes estén dispuestos a ser enviados o a orar por los que pueden ir.

Cómo orar: con fe, sin dudar nada

". . . Jesús, les dijo: Tened fe en Dios . . . cualquiera que dijere a este monte: Quítate y échate en el mar, y no dudare en su corazón, sino creyere que será hecho lo que dice, lo que diga le será hecho" (Marcos 11:22, 23).

¡Tened fe en Dios! Pídale que él mismo se haga conocer como el Dios fiel y poderoso, quien hace todo en todo. Se sentirá animado para creer que él puede dar obreros capacitados y suficientes, por más imposible que parezca; pero recuerde que los dará en respuesta a la oración y a la fe.

Aplique esto a toda oportunidad que se presente donde se necesite un buen obrero. La obra es de Dios. El puede dar el obrero adecuado. Pero hay que pedírselo y esperar en él.

Peticiones especiales

_____

_____

_____

_____

_____

_____

_____

_____

Día 12

Qué pedir: que el Espíritu convenza al mundo de pecado

". . . mas si me fuere, os lo enviaré [al Consolador]. Y cuando él venga, convencerá al mundo de pecado, de justicia y de juicio" (Juan 16:7, 8).

El único deseo de Dios, el único objeto por el cual Cristo se manifestara, es el de quitar el pecado. La primera obra del Espíritu Santo en el mundo consiste en convencer de pecado. Sin eso, no se puede producir ningún avivamiento permanente, ni es posible ninguna conversión poderosa. Ore para que esa obra se realice, para que el evangelio se predique con tal poder del Espíritu Santo, que los hombres comprendan que ellos han rechazado y crucificado a Cristo y clamen: "¿Qué haremos?"

Ore con intensidad para que haya un extraordinario poder de convicción de pecado dondequiera que se predica el evangelio.

Cómo orar: haga uso de su fervor para apoderarse del poder de Dios

"¿O forzará alguien mi fortaleza? Haga conmigo paz; sí, haga paz conmigo" (Isaías 27:5).

"Nadie hay que invoque tu nombre, que se despierte para apoyarse en ti" (Isaías 64:7).

". . . que avives el fuego del don de Dios que está en ti" (2 Timoteo 1:6).

En primer lugar, apodérese del poder de Dios. Dios es Espíritu. Yo no puedo apoderarme de él, a menos que lo haga por medio del Espíritu. Apodérese del poder de Dios y manténgase firme hasta que se haya hecho lo que él prometió. Pida que el poder del Espíritu Santo convenza de pecado.

En segundo lugar, por el poder que está en usted por el Espíritu Santo, avívese que pueda apoderarse de él. Entregue todo su corazón y su voluntad a ello, y diga: "No te dejaré, si no me bendices".

Peticiones especiales

_____

_____

_____

_____

Día 13

Qué pedir: un espíritu ardiente

"Y acontecerá que el que quedare en Sion, . . . será llamado santo . . . cuando el Señor lave las inmundicias de las hijas de Sion . . . con espíritu de juicio y con espíritu de devastación" (Isaías 4:3, 4).

¡Un lavamiento con fuego! ¡Una purificación con juicio! El que haya pasado por esto será llamado santo. El poder de la bendición depende del estado espiritual de la iglesia. Ese estado sólo puede elevarse más cuando se descubre y quita el pecado. El juicio tiene que comenzar en la casa de Dios. Para que haya santificación tiene que haber convicción de pecado. Ruéguele a Dios que dé su Espíritu Santo como un espíritu de juicio y un espíritu ardiente, para que descubra y queme el pecado en su pueblo.

Cómo orar: en el nombre de Cristo

"Y todo lo que pidiereis al Padre en mi nombre, lo haré . . . Si algo pidiereis en mi nombre, yo lo haré" (Juan 14:13, 14).

Pida en el nombre de su Dios Redentor que se sienta en el trono. Pida lo que él ha prometido, aquello por lo cual él dio su sangre, es decir, para que el pecado sea quitado de entre su pueblo. Pida, una oración que agrada al corazón de Dios, que el espíritu de profunda convicción de pecado descienda sobre su pueblo. Pida por un espíritu ardiente. Pida con fe, la fe en lo que él quiere y puede hacer, y luego, espere la respuesta. Ore para que la iglesia sea bendecida, para que se convierta en una bendición para el mundo.

Peticiones especiales

_____

_____

_____

_____

_____

_____

_____

_____

_____

_____

Día 14

Qué pedir: por la iglesia del futuro

"Y [sus hijos] no sean como sus padres,
Generación contumaz y rebelde;
Generación que no dispuso su corazón,
Ni fue fiel para con Dios su espíritu (Salmo 78:8).
". . . mi Espíritu derramaré sobre tu generación, y mi bendición sobre tus renuevos" (Isaías 44:3).

Ore por la generación que se está levantando, la cual habrá de reemplazarnos. Piense en los jóvenes, señoritas y niños de este tiempo, y ore por todos los organismos que trabajan con ellos; para que, sea quienes fueren, Cristo sea honrado y el Espíritu Santo tome posesión de ellos. Ore por los jóvenes de su propia vecindad.

Cómo orar: con todo el corazón

"[El Señor] te dé conforme al deseo de tu corazón" (Salmo 20:4).
"Le has concedido el deseo de su corazón" (Salmo 21:2).
"Clamé con todo mi corazón; respóndeme, Jehová" (Salmo 119:145).

Dios vive y oye toda petición con todo su corazón. Cada vez que oramos, todo el Dios infinito está ahí para oírnos. El nos pide que en cada oración esté el hombre íntegramente también; que clamemos con todo nuestro corazón. Cristo se dio a Dios por los hombres, y así él presenta toda necesidad en su intercesión. Si alguna vez buscamos a Dios con todo nuestro corazón, todo el corazón estará en cada oración con que acudamos a Dios. Ore con todo su corazón por los jóvenes.

Peticiones especiales

_____

_____

_____

_____

_____

_____

_____

_____

_____

_____

Día 15

Qué pedir: a favor de las escuelas y universidades

"Y este será mi pacto con ellos, dijo Jehová: El Espíritu mío que está sobre ti, y mis palabras que puse en tu boca, no faltarán de tu boca, ni de la boca de tus hijos, ni de la boca de los hijos de tus hijos, dijo Jehová, desde ahora y para siempre" (Isaías 59:21).

El porvenir de la iglesia y del mundo depende, en un grado que poco concebimos, de la educación de hoy. La iglesia puede estar tratando de evangelizar a los paganos, y a la vez abandonando a sus propios hijos a las influencias seculares y materialistas. Ore por las escuelas y las universidades y para que la iglesia comprenda y cumpla su trascendental deber de cuidar a sus hijos. Ore para que Dios provea maestros piadosos.

Cómo orar: sin limitar a Dios

"Y provocaban al Santo de Israel" (Salmo 78:41).

"Y no hizo allí muchos milagros, a causa de la incredulidad de ellos" (Mateo 13:58).

"¿Hay para Dios alguna cosa difícil?" (Génesis 18:14).

"¡Oh Señor Jehová! . . . tú hiciste el cielo y la tierra con tu gran poder, y con tu brazo extendido, ni hay nada que sea difícil para ti; . . . He aquí que yo soy Jehová, . . . ¿habrá algo que sea difícil para mí?" (Jeremías 32:17, 27).

Por encima de todo, tenga el cuidado de no limitar a Dios en su oración, no sólo por la incredulidad, sino al imaginarse que usted sabe lo que él puede hacer. Espere cosas inesperadas, más de lo que pedimos o pensamos. Cada vez que interceda, primero quédese quieto y adore a Dios en su gloria. Piense en lo que él puede hacer, en que él se deleita en oír a Cristo, en el lugar que usted ocupa en Cristo, y espere grandes cosas.

Peticiones especiales

_____

_____

_____

_____

_____

_____

_____

_____

_____

Día 16

Qué pedir: el poder del Espíritu Santo para nuestras escuelas dominicales

"Pero así dice Jehová: Ciertamente el cautivo será rescatado del valiente, y el botín será arrebatado al tirano; y tu pleito yo lo defenderé, y yo salvaré a tus hijos" (Isaías 49:25).

Todas las partes de la obra de la iglesia están en las manos de él. El tiene que hacer la obra. La oración es la confesión de que lo hará, el entregarnos en sus manos para permitirle obrar en nosotros y a través de nosotros. Ore para que haya centenares de miles de maestros de escuela dominical, para que los que conocen a Dios sean llenos del Espíritu Santo. Ore por su propia escuela dominical. Ore por la salvación de los niños.

Cómo orar: con confianza

". . . teniendo un gran sumo sacerdote . . . Jesús el Hijo de Dios . . . Acerquémonos, pues, confiadamente al trono de la gracia" (Hebreos 4:14, 16).

Estas indicaciones nos ayudan en nuestra obra de intercesión. ¿Qué están haciendo a nuestro favor? ¿Haciendo que estemos conscientes de nuestra debilidad en la oración? Gracias a Dios por eso. Es la primera lección que tenemos que aprender en el camino hacia la oración, hacia la oración eficaz que puede mucho. Perseveremos, presentemos con confianza, con valentía cada tema ante el trono de la gracia. Al orar, aprenderemos a orar, y a creer, y a esperar con creciente confianza. Aférrese a su seguridad; es por mandato de Dios que acudimos como intercesores. Cristo le dará la gracia para orar de acuerdo a su voluntad.

Peticiones especiales

_____

_____

_____

_____

_____

_____

_____

_____

Día 17

Qué pedir: a favor de los reyes y gobernantes

"Exhorto ante todo, a que se hagan rogativas, oraciones, peticiones y acciones de gracias, por todos los hombres; por los reyes y por todos los que están en eminencia, para que vivamos quieta y reposadamente en toda piedad y honestidad" (1 Timoteo 2:1, 2).

¡Qué fe en el poder de la oración! Unos pocos cristianos frágiles y despreciados han de influir en los poderosos emperadores romanos y ayudar a lograr la paz y la quietud. Creamos que la oración es un poder escogido por Dios para gobernar el mundo. Oremos por nuestro país y por sus gobernantes, por todos los gobernantes del mundo, por los que gobiernan en las ciudades y en los distritos en que estamos interesados. Cuando el pueblo de Dios se une para esto, puede contar con que la oración de ellos afecta al mundo invisible más de lo que comprendemos. Permitamos que la fe se agarre de esto.

Cómo orar: presentar la oración ante Dios como incienso

"Otro ángel vino entonces y se paró ante el altar, con un incensario de oro; y se le dio mucho incienso para añadirlo a las oraciones de todos los santos, sobre el altar de oro que estaba delante del trono. Y de la mano del ángel subió a la presencia de Dios el humo del incienso con las oraciones de los santos. Y el ángel tomó el incensario, y lo llenó del fuego del altar, y lo arrojó a la tierra; y hubo truenos, y voces, y relámpagos, y un terremoto" (Apocalipsis 8:3–5).

El mismo incensario lleva la oración de los santos ante la presencia de Dios y lanza fuego sobre la tierra. Las oraciones que suben al cielo tienen su parte en la historia de esta tierra. Asegúrese de que sus oraciones penetren en la presencia de Dios.

Peticiones especiales

_____

_____

_____

_____

_____

_____

_____

_____

Día 18

Qué pedir: la paz

"Exhorto ante todo, a que se hagan rogativas, . . . por los reyes y por todos los que están en eminencia, para que vivamos quieta y reposadamente en toda piedad y honestidad. Porque esto es bueno y agradable delante de Dios nuestro Salvador" (1 Timoteo 2:1–3). "Que hace cesar las guerras hasta los fines de la tierra" (Salmo 46:9).

¡Qué terrible es ver los armamentos militares de los cuales se enorgullecen las naciones! ¡Qué terrible es pensar en las perversas pasiones que en cualquier momento pueden hacer estallar la guerra! ¡Y qué sufrimiento y desolación tienen que venir! Dios puede, en respuesta a la oración de su pueblo, dar la paz. Pidamos que ésta se establezca y que reine la justicia, es como único que puede establecerse la paz.

Cómo orar: con entendimiento

"¿Qué, pues? Oraré con el espíritu, pero oraré también con el entendimiento" (1 Corintios 14:15).

Necesitamos orar con el espíritu como vehículo de intercesión del Espíritu de Dios, si hemos de aferrarnos a Dios con fe y poder. Necesitamos orar con el entendimiento de que realmente estamos entrando de manera profunda en las necesidades que le presentamos a él. Apartemos tiempo para comprender inteligentemente en cada tema, la naturaleza, la extensión, la urgencia de la petición, la base, la manera y la certidumbre de la promesa de Dios tal como se revela en su Palabra. Permita que la mente afecte el corazón. Ore con el entendimiento y con el espíritu.

Peticiones especiales

_____

_____

_____

_____

_____

_____

_____

_____

_____

_____

Día 19

Qué pedir: que el Espíritu Santo descienda sobre el mundo de los cristianos

"... que tendrán apariencia de piedad, pero negarán la eficacia de ella" (2 Timoteo 3:5).

"... tienes nombre de que vives, y estás muerto" (Apocalipsis 3:1).

Hay centenares de millones de cristianos nominales. La condición de la mayoría es indeciblemente horrible. ¿Hasta qué punto prevalecen la formalidad, la mundanalidad, la impiedad, el rechazamiento del servicio de Cristo, la ignorancia y la indiferencia? Nosotros oramos por los paganos. Oremos también por los que llevan el nombre de Cristo, muchos de los cuales están en tinieblas peores que los paganos.

¿No se siente uno como si debiera comenzar a entregar su propia vida, y clamar a Dios día y noche a favor de las almas? En respuesta a la oración, Dios da el poder del Espíritu Santo.

Cómo orar: con profunda tranquilidad del alma

"En Dios solamente está acallada mi alma;
De él viene mi salvación" (Salmo 62:1).

La oración tiene su poder sólo en Dios. Cuanto más se acerque el hombre al mismo Dios, tanto más profundamente penetra en su voluntad. Cuanto más se aferra a Dios, tanto más poder tendrá en la oración.

Dios tiene que revelarse a sí mismo. Si a él le place hacerse conocer, puede hacer que el corazón esté consciente de su presencia. Nuestra postura tiene que ser la de una santa reverencia, la de una tranquila espera y de adoración.

A medida que su mes de intercesión va pasando, y comprende la grandeza de esa obra, quédese tranquilo delante de Dios. Así recibirá poder para orar.

Peticiones especiales

Día 20

Qué pedir: que el Espíritu de Dios descienda sobre los paganos

"He aquí éstos vendrán de lejos; y he aquí éstos . . . de la tierra de Sinim" (Isaías 49:12).

"Vendrán príncipes de Egipto; Etiopía se apresurará a extender sus manos hacia Dios" (Salmo 68:31).

"Yo Jehová, a su tiempo haré que esto sea cumplido pronto" (Isaías 60:22).

Ore por los paganos que aún no han oído el mensaje de Cristo. Piense en la China, con sus centenares de millones que no conocen a Cristo. Piense en el Africa, con sus millones. Piense en los millones que durante un año descienden a las espesas tinieblas. Si Cristo dio su vida por ellos, ¿no lo haría usted? Usted puede comprometerse a interceder por ellos.

Si no ha comenzado, simplemente comience con un aprendizaje de intercesión de un mes, tan sencillo como éste. El hecho de que dedique diez minutos le hará pensar que esto no es suficiente. El Espíritu de Dios lo irá atrayendo. Persevere por más débil que se sienta. Pida a Dios que le encomiende un país o una tribu para orar por ellos. ¿Puede haber algo más noble que hacer lo que Cristo hizo? Entregue su vida a favor de los paganos.

Cómo orar: con la confiada expectación de la respuesta

"Clama a mí, y yo te responderé, y te enseñaré cosas grandes y ocultas que tú no conoces" (Jeremías 33:3).

"Así ha dicho Jehová el Señor: Aún seré solicitado . . . para hacerles esto" (Ezequiel 36:37).

Estos dos versículos bíblicos se refieren a promesas definidas, pero su cumplimiento dependería de la oración: Dios sería solicitado para hacerlo.

Ore para que Dios cumpla las promesas que hizo a su Hijo y a su iglesia, y espere la respuesta. Ruegue a favor de los paganos. Pida que Dios cumpla sus promesas.

Peticiones especiales

_____

_____

_____

_____

Día 21

Qué pedir: que el Espíritu de Dios descienda sobre los judíos

"Y derramaré sobre la casa de David, y sobre los moradores de Jerusalén, espíritu de gracia y de oración; y mirarán a mí, a quien traspasaron" (Zacarías 12:10).
"Hermanos, ciertamente el anhelo de mi corazón, y mi oración a Dios por Israel, es para salvación" (Romanos 10:1).

Ore por los judíos. Su retorno al Dios de sus padres está vinculado, de un modo que no podemos entender, con una maravillosa bendición para la iglesia y con la venida de nuestro Señor Jesús. No pensemos que Dios ha predeterminado todo esto y que no podemos apresurarlo. De una manera divina y misteriosa, Dios ha relacionado el cumplimiento de su promesa con nuestra oración. La intercesión de su Espíritu en nosotros es la precursora de la bendición de Dios. Ore por Israel y por la obra que se realiza entre ellos. Haga también esta oración: "Amén; sí, ven, Señor Jesús".

Cómo orar: con la intercesión del Espíritu Santo

"Y de igual manera el Espíritu nos ayuda en nuestra debilidad; pues qué hemos de pedir como conviene, no lo sabemos, pero el Espíritu mismo intercede por nosotros con gemidos indecibles" (Romanos 8:26).

Aunque sea ignorante y débil, crea en la morada secreta del Espíritu Santo en usted y en su intercesión. Entréguese a la vida y dirección de él habitualmente. El lo ayudará en las debilidades que tenga en la oración. Reclame las promesas de Dios, aunque no vea cómo pueden cumplirse. Dios conoce la mente del Espíritu, "porque conforme a la voluntad de Dios intercede por los santos". Ore con la sencillez de un niño; ore con el santo temor y la santa reverencia de uno en quien mora y ora el Espíritu de Dios.

Peticiones especiales

_____

_____

_____

_____

_____

Día 22

Qué pedir: a favor de todos los que sufren

"Acordaos de los presos, como si estuviereis presos juntamente con ellos; y de los maltratados, como que también vosotros mismos estáis en el cuerpo" (Hebreos 13:3).

¡En qué mundo de sufrimiento vivimos! ¡Cómo Jesús sacrificó todo y se identificó con él! En la medida en que podamos, hagámoslo nosotros también. Hay creyentes en Cristo perseguidos detrás de la Cortina de hierro; millones de seres humanos abatidos por el hambre en Africa; pobreza y miseria en el Tercer Mundo; y mucho más. Hay sufrimiento entre los que conocen a Dios y entre los que no lo conocen. Y en los círculos más pequeños, en diez mil hogares hay diez mil corazones con dolor. En nuestro propio vecindario hay muchos que necesitan ayuda y consuelo. Tengamos compasión de los que sufren y pensemos en ellos. Eso nos despertará a orar, a trabajar, a esperar y a amar más. Y de una manera y en algún tiempo que nosotros no conocemos, Dios oirá nuestras oraciones.

Cómo orar: debemos orar siempre y sin desmayar

"También les refirió Jesús una parábola sobre la necesidad de orar siempre, y no desmayar" (Lucas 18:1).

¿No comienza usted a pensar que la oración es realmente el auxilio para este mundo pecador? ¡Qué necesidad hay de oración incesante! ¡La misma enormidad de la tarea nos hace desesperar! ¿Para qué pueden servir nuestros diez minutos de intercesión? Está bien que pensemos así. De ese modo Dios nos está llamando y preparándonos para que entreguemos nuestra vida a la oración. Entréguese totalmente a Dios a favor de los hombres, y aun en todo su trabajo, su corazón se derramará ante Dios con amor a favor de los hombres, y mantendrá una dependencia y una expectación en Dios. A un corazón que sea así guiado por el Espíritu Santo, le es posible orar siempre y no desmayar.

Peticiones especiales

_____

_____

_____

_____

Día 23

Qué pedir: que el Espíritu Santo descienda sobre su trabajo

". . . para lo cual también trabajo, luchando según la potencia de él, la cual actúa poderosamente en mí" (Colosenses 1:29).

Hay trabajo que hacer; conviértalo en una obra de intercesión. Pablo trabajaba, luchando según la potencia de Dios que había en él. Recordemos que Dios no es sólo el Creador, sino también el gran Operario que hace todo en todo. Usted sólo puede hacer su parte en el poder de Dios, por medio de la obra que él hace a través de su Espíritu Santo. Interceda mucho por aquellas personas entre las cuales trabaja, hasta que Dios le dé vida para ellas.

Intercedamos también todos los unos por los otros, por todo obrero del evangelio en toda la iglesia de Dios, por más solitario que esté y desconocido que sea.

Cómo orar: en la misma presencia de Dios

"Acercaos a Dios, y él se acercará a vosotros" (Santiago 4:8).

La cercanía de Dios da descanso y poder en la oración. La cercanía de Dios se concede a aquel que hace de dicha cercanía su primer objetivo. "Acercaos a Dios [buscad la cercanía de él, y él os la concederá], y él se acercará a vosotros". Es entonces cuando se hace fácil orar con fe.

Recuerde que cuando Dios lo introdujo por primera vez en la escuela de la intercesión, fue más para su propio bien que para el bien de otros. Necesitaba que se le enseñara a amar, a esperar, a orar y a creer. Sólo persevere. Aprenda a colocarse en la presencia de Dios, a esperar con quietud hasta que tenga la seguridad de que él se acerca. Entre en su santa presencia, espere allí, y presente su obra delante de él. Interceda por las almas entre las cuales está laborando. Consiga una bendición de Dios; que él ponga su Espíritu Santo en su corazón para alcanzarlas.

Peticiones especiales

_____
_____
_____
_____
_____

Día 24

Qué pedir: que el Espíritu Santo descienda sobre su congregación

"... comenzando desde Jerusalén" (Lucas 24:47).

Cada uno de nosotros está relacionado con alguna congregación o círculo de creyentes en Cristo. Estas personas son para nosotros aquella parte del cuerpo de Cristo con la cual estamos en contacto de manera más directa. Ellos tienen el derecho especial de que nosotros intercedamos por ellos. Que esté establecido entre Dios y usted el hecho de que ha de trabajar en oración a favor de ese círculo. Ore por el pastor y por todos los líderes u obreros del evangelio que haya en él. Ore por los creyentes según sus necesidades. Pida al Señor que haya conversiones. Pida que el poder del Espíritu Santo se manifieste. Agrúpese con otros para hacer peticiones definidas en secreto. Permita que la intercesión sea una obra definida, llevada a cabo tan sistemáticamente como la predicación o la escuela dominical. Y ore, esperando la respuesta.

Cómo orar: continuamente

"... he puesto guardas; todo el día y toda la noche no callarán jamás" (Isaías 62:6).
"¿Y acaso Dios no hará justicia a sus escogidos, que claman a él día y noche?" (Lucas 18:7).
"... orando de noche y de día con gran insistencia, para que ... completemos lo que falta a vuestra fe" (1 Tesalonicenses 3:10).
"Mas la que en verdad es viuda ... espera en Dios, y es diligente en súplicas y oraciones noche y día" (1 Timoteo 5:5).

Cuando la gloria de Dios, y amor de Cristo, y la necesidad de las almas se nos dan a comprender, el fuego de la intercesión incesante comenzará a arder en nosotros a favor de los que están cerca y de los que están lejos.

Peticiones especiales

_____
_____
_____
_____
_____
_____

Día 25

Qué pedir: que haya más conversiones

". . . por lo cual puede también salvar perpetuamente a los que por él se acercan a Dios, viviendo siempre para interceder por ellos" (Hebreos 7:25).

"Y nosotros persistiremos en la oración y en el ministerio de la palabra . . . Y crecía la palabra del Señor, y el número de los discípulos se multiplicaba grandemente" (Hechos 6:4, 7).

El poder de Cristo para salvar, y para salvar por completo, depende de su incesante intercesión. Después que los apóstoles se dedicaron continuamente a la oración, el número de los discípulos se multiplicaba grandemente.

En nuestro día, cuando nosotros nos entreguemos a la intercesión, tendremos mayor número de conversiones y más poderosas. Roguemos a Dios que esto sea así. Cristo es exaltado por el hecho de conceder el arrepentimiento. La iglesia existe con el propósito divino y la promesa de lograr conversiones. No nos avergoncemos de confesar nuestro pecado y debilidad, clamemos a Dios que haya más conversiones en las tierras cristianas y en las paganas, y para que se conviertan aquellos a quienes usted conoce y ama. Ruegue a favor de la salvación de los pecadores.

Cómo orar: con profunda humildad

"Y ella dijo: Sí, Señor; pero aun los perrillos comen de las migajas que caen de la mesa de sus amos . . . Jesús, dijo: Oh mujer, grande es tu fe; hágase contigo como quieres" (Mateo 15:27, 28).

Usted se siente indigno e incapaz de orar correctamente. El hecho de aceptar esto con sinceridad, y aun así contentarse con acudir a Dios para recibir la bendición a pesar de la indignidad, es la verdadera humildad. Eso prueba su integridad, por cuanto no está buscando nada, sino sencillamente está confiando en su gracia. Y así, ésa es la verdadera fuerza de una gran fe, que recibe una respuesta completa. "Pero aun los perrillos". Que ésa sea su petición cuando persevere en oración a favor de alguno que posiblemente esté poseído por el demonio. No permita que su pequeñez le estorbe en ningún momento.

Peticiones especiales

Día 26

Qué pedir: que el Espíritu Santo descienda sobre los nuevos convertidos

"[Pedro y Juan] habiendo venido, oraron por ellos para que recibiesen el Espíritu Santo; porque aún no había descendido sobre ninguno de ellos, sino que solamente habían sido bautizados en el nombre de Jesús" (Hechos 8:15, 16).

"Y el que nos confirma con vosotros en Cristo, y el que nos ungió, es Dios, el cual también . . . nos ha dado las arras del Espíritu en nuestros corazones" (2 Corintios 1:21, 22).

Muchos nuevos convertidos siguen siendo débiles; muchos caen en pecado; muchos se descarrían por completo. Cuando oramos por la iglesia, por su crecimiento en santidad y devoción al servicio de Dios, oremos especialmente por los nuevos convertidos. Muchos de ellos están solos y rodeados de tentaciones; muchos no reciben enseñanza sobre el hecho de que el Espíritu Santo está en ellos y el poder de Dios para confirmarlos; muchos se hallan en tierras paganas, rodeados por el poder de Satanás. Si ora para que el poder del Espíritu Santo descienda sobre la iglesia, ore especialmente para que los recién convertidos comprendan que ellos pueden reclamar y recibir esta plenitud.

Cómo orar: sin cesar

"Así que, lejos sea de mí que peque yo contra Jehová cesando de rogar por vosotros" (1 Samuel 12:23).

El cesar de orar por los demás es un pecado contra el Señor. Tan pronto como comencemos a comprender que la intercesión es absolutamente indispensable, que es un deber tan grande como amar a Dios o creer en Cristo, y que como creyentes estamos llamados a interceder y obligados a ello, pensaremos que cesar de interceder es un pecado grave. Pidamos gracia para asumir nuestro puesto como sacerdotes con gozo y entregar nuestra vida a fin de hacer descender la bendición del cielo.

Peticiones especiales

_____

_____

_____

_____

_____

_____

Día 27

Qué pedir: que el pueblo de Dios comprenda su llamado

"... te bendeciré, ... y serás bendición ... y *serán benditas en ti todas las familias de la tierra*" (Génesis 12:2, 3).

"Dios tenga misericordia *de nosotros, y nos* bendiga;
Haga resplandecer su rostro sobre *nosotros;*
Para que sea conocido *en la tierra* tu camino,
En todas las naciones tu salvación" (Salmo 67:1, 2).

Abraham sólo fue bendecido a fin de que él fuera una bendición para toda la tierra. Israel pide la bendición de que Dios sea conocido entre todas las naciones. Todo creyente en Cristo, tal como ocurrió con Abraham, sólo es bendecido para que lleve la bendición de Dios al mundo.

Clame a Dios para que su pueblo comprenda esto, para que todo creyente viva sólo para los intereses de Dios y de su reino. Si esta verdad se predicara, se creyera y se practicara, ¡qué revolución traería a nuestra obra misionera! ¡Qué hueste de intercesores dispuestos tendríamos! Pida a Dios que él haga esa obra por medio de su Espíritu Santo.

Cómo orar: como uno que ha aceptado para sí lo que pide para los demás

"Y cuando comencé a hablar, cayó el Espíritu Santo sobre ellos también, como sobre nosotros al principio ... Dios, pues, les concedió también el mismo don que a nosotros" (Hechos 11:15, 17).

Cuando pida esta gran bendición para el pueblo de Dios: que el Espíritu Santo tome posesión por entero de ellos para el servicio de Dios, entréguese a él, y reclame con fe ese don. Que cada pensamiento que tenga de fragilidad y deficiencia sólo sirva para apremiarlo más en la oración a favor de otros. Cuando la bendición venga sobre ellos, usted también recibirá ayuda. En cada oración para que haya conversiones o a favor de la obra misionera, pida que el pueblo de Dios comprenda que pertenece completamente a él.

Peticiones especiales

Día 28

Qué pedir: que todo el pueblo de Dios conozca al Espíritu Santo

"... el Espíritu de verdad, al cual el mundo no puede recibir, ... pero vosotros le conocéis, porque mora con vosotros, y estará en vosotros" (Juan 14:17). "¿O ignoráis que vuestro cuerpo es templo del Espíritu Santo?" (1 Corintios 6:19).

El Espíritu Santo es el poder de Dios para la salvación de los hombres. El sólo obra cuando mora en la iglesia. El fue dado para que capacitara a los creyentes a vivir completamente como Dios quiere, con la plena experiencia, y que den el testimonio de que él salva por completo.

¡Pida a Dios que cada uno de los que componen su pueblo conozca al Espíritu Santo! Que ellos no esperen vivir como el Padre quiere, sin tener al Espíritu Santo en su plenitud, sin estar llenos de él. Pida que todo el pueblo de Dios, aun aquellos que están lejos en iglesias que surgen en medio del paganismo, aprendan a decir: "Creo en el Espíritu Santo".

Cómo orar: rogando encarecidamente

"Os saluda Epafras, el cual es uno de vosotros, ... siempre rogando encarecidamente por vosotros en sus oraciones, para que estéis firmes, perfectos y completos en todo lo que Dios quiere" (Colosenses 4:12).

Para el hombre que tiene buena salud, el trabajo es un deleite; en aquello que le interesa trabaja con fervor. El creyente que está lleno de salud, cuyo corazón está lleno del Espíritu de Dios, ruega encarecidamente en oración. ¿Qué es lo que ruega? Que sus hermanos estén firmes, perfectos y completos en todo lo que Dios quiere, que ellos sepan a qué clase de vida los lleva; y que sean dirigidos a andar por el Espíritu Santo. Ruegue fervientemente en oración que todos los hijos de Dios sepan que esto es posible y seguro.

Peticiones especiales

Día 29

Qué pedir: el Espíritu de intercesión

"... yo os elegí a vosotros, y os he puesto para que vayáis y llevéis fruto, ... para que todo lo que pidiereis al Padre en mi nombre, él os lo dé" (Juan 15:16).
"Hasta ahora nada habéis pedido en mi nombre ... En aquel día pediréis en mi nombre" (Juan 16:24, 26).

¿No nos ha enseñado nuestra escuela de intercesión que hemos orado muy poco en el nombre de Jesús? El prometió a sus discípulos: En aquel día, cuando venga sobre vosotros el Espíritu Santo, pediréis en mi nombre. ¿No hay con nosotros diez mil personas que se lamentan por la falta de poder para interceder? Intercedamos hoy por esas personas y por todos los hijos de Dios; pidamos que Cristo nos enseñe que el Espíritu Santo está en nosotros; y lo que es vivir en su plenitud, y entregarnos a su obra de intercesión dentro de nosotros. La iglesia y el mundo no necesitan nada tanto como un poderoso Espíritu de intercesión que haga descender el poder de Dios a la tierra. Ore para que el Espíritu de intercesión descienda del cielo, a fin de que se produzca un gran avivamiento en la oración.

Cómo orar: permaneciendo en Cristo

"Si permanecéis en mí, y mis palabras permanecen en vosotros, pedid todo lo que queréis, y os será hecho" (Juan 15:7).

Nuestra aceptación en la presencia de Dios, nuestro acceso a él, todo está en Cristo. Cuando conscientemente permanecemos en él, tenemos libertad; no una libertad para nuestra vieja naturaleza, ni para nuestra terquedad, sino la libertad divina de toda voluntad propia, para pedir lo que queremos con el poder de la nueva naturaleza, y será hecho. Mantengámonos en este lugar y creamos ahora mismo que nuestra intercesión es oída, y que nos será dado el Espíritu de oración.

Peticiones especiales

_____

_____

_____

_____

_____

Día 30

Qué pedir: que el Espíritu Santo se manifieste con la Palabra de Dios

"... pues nuestro evangelio no llegó a vosotros en palabras solamente, sino también en poder, en el Espíritu Santo y en plena certidumbre" (1 Tesalonicenses 1:5).

"... administraban las cosas que ahora os son anunciadas por los que os han predicado el evangelio por el Espíritu Santo enviado del cielo" (1 Pedro 1:12).

Muchas Biblias están circulando. Se están predicando muchos sermones bíblicos. Se está leyendo mucho la Biblia en el hogar y en la escuela. ¡Pero cuán poca bendición se recibe cuando llega "en palabras solamente"! ¡Qué bendición y qué poder divino hay cuando la Palabra viene "en el Espíritu Santo", cuando se predica "por el Espíritu Santo enviado del cielo"! Ore por la circulación, la predicación, la enseñanza y la lectura de la Biblia se hagan con el poder del Espíritu, con mucha oración. Pida que el poder del Espíritu esté con la Palabra en su propio vecindario, cada vez que se lee o se oye. Que cada vez que se mencione "la Palabra de Dios" esto despierte la intercesión.

Cómo orar: velando y orando

"Perseverad en la oración, velando en ella con acción de gracias; orando también al mismo tiempo por nosotros, para que el Señor nos abra puerta para la palabra" (Colosenses 4:2, 3).

¿Comprende que todo depende de Dios y de la oración? Mientras él viva, ame, oiga y obre, mientras haya almas que tengan los corazones cerrados a la Palabra de Dios, mientras haya que hacer la obra de llevar la Palabra, ore sin cesar. "Perseverad en la oración, velando en ella con acción de gracias". Estas palabras son para todos los cristianos.

Peticiones especiales

_____

_____

_____

_____

_____

Día 31

Qué pedir: que el Espíritu de Cristo esté en su pueblo

"Yo soy la vid, vosotros los pámpanos" (Juan 15:5).
". . . para que como yo os he hecho, vosotros también hagáis" (Juan 13:15).

Como pámpanos (ramas), hemos de identificarnos enteramente con la Vid, de tal modo que todos vean que tenemos la misma naturaleza, vida y espíritu. Cuando oramos para que descienda el Espíritu Santo, no pensemos sólo en el Espíritu de poder, sino en la misma disposición y temperamento de Cristo Jesús. Pidamos eso y no esperemos nada menos. Para usted y para todos los hijos de Dios, clame que se le conceda eso.

Cómo orar: con esfuerzo en la oración

"Pero os ruego, . . . que me ayudéis orando por mí a Dios" (Romanos 15:30).
"Porque quiero que sepáis cuán gran lucha sostengo por vosotros" (Colosenses 2:1).

Todos los poderes del mal tratan de impedir nuestra oración. La oración es un conflicto con fuerzas que se oponen. Necesita todo el corazón y toda nuestra fuerza. Que Dios nos dé gracia para esforzarnos en la oración hasta prevalecer.

Peticiones especiales

_____

_____

_____

_____

_____

_____

_____

_____

_____

_____

_____

_____

_____

_____

Printed in U.S.A. — Impreso en EE. UU. de A.